LA *Iglesia* QUE DIOS BENDICE

LA *Iglesia* QUE DIOS BENDICE

JIM CYMBALA

PASTOR DEL TABERNÁCULO DE BROOKLYN

junto con Stephen Sorenson

© 2003 EDITORIAL VIDA
Miami, Florida 33122

Publicado en inglés con el título:
The Church God Blesses
© 2002 por Jim Cymbala

La historia de Jay Tucker en el capítulo 5
fue adaptada con permiso de los archivos del
Departamento Mundial de Misiones
de las Asambleas de Dios.

Las cursivas utilizadas en las citas bíblicas el autor
las ha insertado para dar énfasis.

Traducción: *Gisela Sawin*
Edición: *Rojas & Rojas Editores, Inc.*
Diseño de cubierta: *Grupo Nivel Uno*
Diseño interior: *Rojas & Rojas Editores, Inc.*

Reservados todos los derechos.

ISBN: 0-8297-3658-1

Categoría: Vida cristiana

Impreso en Colombia
Printed in the Colombia

03 04 05 06 07 08❖ 07 06 05 04 03 02 01

$\mathscr{C}$ONTENIDO

PRÓLOGO

ALGO MEJOR

Cada progreso en la manera de vivir del hombre es el resultado de que alguien vio lo que podía ser y no estuvo dispuesto a aceptar que siguiera así. Esto es en la práctica cierto en cuanto a los inventos que han impactado a la humanidad. Los hombres y mujeres que obtuvieron esos logros imaginaron algo que aún no era visible al ojo humano. No todas esas personas eran genios, pero todas tenían visión. Rehusaron rendirse a la idea de que no había una mejor manera de hacer las cosas y se impulsaron hacia algo mejor, aun cuando el proceso a menudo requería años de duro trabajo y muchos fracasos a lo largo del camino. Como resultado, innumerables personas en las generaciones posteriores cosecharon los beneficios.

El punto de inicio de estos avances fueron las personas que no aceptaron el estado de las cosas porque pensaron que podían ser diferentes y mejores. Esto también es verdad en el reino espiritual. Todo avivamiento en la historia de la Iglesia comenzó con pastores y creyentes que llegaron a estar profundamente insatisfechos con el clima moral y espiritual a su alrededor. Sabían por las Escrituras que Dios tenía algo mejor para su pueblo. Los grandes movimientos misioneros fueron iniciados por hombres y mujeres ansiosos de ver que el Reino de Dios llegara a nuevas regiones y a aquellos que aún no habían escuchado acerca de Jesús. En definitiva, cada vez que el pueblo ora de veras, está creyendo que Dios por su divino poder puede cambiar lo *que es* en *algo mejor*.

La Biblia está llena de declaraciones del deseo divino de producir cambios espectaculares cuando sus hijos están perdiéndose las bendiciones prometidas. En el Nuevo Testamento, la capacidad de Dios para vencer todos los obstáculos y ayudar a su pueblo se ilustra vez tras vez mediante individuos como Abraham, José, Moisés y David. Estos se destacan, junto a otros pocos, como excepciones al generalizado endurecimiento e incredulidad que existía entre los hijos de Israel.

En el Nuevo Testamento, sin embargo, el enfoque cambia y se dirige hacia las iglesias del Señor Jesucristo y los ministros que servían en ellas. Comenzando con el nacimiento de la iglesia en Jerusalén (Hechos 2), el Evangelio se predica, hay vidas transformadas por el poder del Espíritu Santo, y surgen congregaciones a medida que se ubica cuidadosamente a los pastores sobre el rebaño de Dios. La misma secuencia espiritual se repite en ciudad tras ciudad. A través de aquellas iglesias locales llenas de personas transformadas espiritualmente, Dios produce cambios en círculos cada vez más amplios a través del mundo. El libro de los Hechos recopila la maravillosa historia de cómo el mensaje del Señor y su poder se extienden a través del Imperio Romano.

Aún cuando la vida de los individuos va cambiando por el poder del Evangelio, el interés especial de Dios está en las iglesias locales que extienden el evangelio y discipulan nuevos convertidos. Por cierto, el Nuevo Testamento está compuesto mayormente por cartas que se enviaron a aquellas asambleas locales o a los ministros que en ellas ejercían liderazgo espiritual. Jesús mismo escribió siete cartas a las diferentes congregaciones locales (Apocalipsis 2 y 3) y se le vio caminando entre ellas como su resucitado Señor (Apocalipsis 1:13). Es evidente que nada es más importante para el Señor que el estado espiritual de las iglesias locales que llevan su nombre.

El interés más grande del cielo no es los Estados Unidos, ni el recalentamiento del planeta ni los mercados financieros del mundo. El mayor interés del cielo es la extensión del Reino de Dios, la difusión del evangelio, el que el mundo llegue a entender bien quién es él, y todo esto depende de iglesias cristianas locales como la suya y la mía. Dios no está usando ángeles que le representen, ni vendrá una voz del cielo para predicar el evangelio. Él ha elegido a su iglesia para realizar su obra en la tierra.

Obviamente, no todas las iglesias cristianas están en condiciones espirituales saludables, y aquí radica un gran problema. Algunas iglesias son mundanas, recién nacidas en Cristo que no están listas para el alimento espiritual sólido (1 Corintios 3:1-2). Otras son susceptibles a un falso evangelio, que no es evangelio (Gálatas 1:6-7). Algunas congregaciones están en terrenos espirituales hostiles —aún «donde Satanás tiene su trono»—, y permanecen fieles a Cristo (Apocalipsis 2:13). Otras han perdido el primer amor de Cristo y necesitan un pronto arrepentimiento (Apocalipsis 2:4-5). Otras se levantan como ejemplos a los creyentes en todo lugar por su férrea fe en Dios (1 Tesalonicenses 1:7-8). Y otras son tan engreídas y tibias que Jesús está por escupirlas de su boca (Apocalipsis 3:16-17).

Pero la Biblia siempre nos recuerda que las cosas no tienen que mantenerse como son. Si Dios nos está dando la oportunidad, sus bendiciones pueden traer cambios importantes, no importa cuáles sean nuestras circunstancias. No hay circunstancia negativa, entorno hostil ni escasez de recursos humanos mayor que el poder de Jesucristo. Él puede transformar cualquier congregación local en algo aún más maravilloso de lo que nosotros jamás podamos imaginar.

Aún en su carta a la iglesia que estaba a punto de vomitar de su boca, Jesús finaliza exclamando: «Mira que estoy a la puerta y llamo. Si alguno oye mi voz y abre la puerta, entraré, y cenaré con él, y él conmigo» (Apocalipsis 3:20). ¡Cuán tierno y compasivo es nuestro Señor al querer sanar lo peor de las circunstancias de nuestra iglesia! Él desea lo mejor para nuestras iglesias, de manera que su nombre reciba honra y el mundo se transforme por el mensaje esparcido a través de creyentes fuertes y vibrantes. ¿A quién podrá usar Dios sino a su propia iglesia? Solamente nosotros podemos tomar la decisión de «abrirle la puerta» a nuestro Señor.

Los que nos consideramos creyentes en Cristo formales tenemos que enfrentar esta pregunta obvia: ¿Aceptaremos el estado actual de las cosas en nuestra propia iglesia, o procuraremos lo que Dios puede hacer sobrenaturalmente? El Señor está deseoso de producir cambios espirituales y derramar con abundancia sobre nosotros sus bendiciones. Quiere que nosotros, su pueblo, experimentemos la grandeza de su poder y la profundidad de su amor en todo lugar. Lo único que necesita de nosotros es un oído atento y un corazón que crea que con Dios todas las cosas son posibles.

UNO

ATAQUE AL
RECIÉN NACIDO

Carol y yo hemos leído muchas veces la historia
de la Navidad de Mateo 2, que incluye el
cruel ataque del rey Herodes a los bebés de Belén
en su empeño por encontrar y destruir a Jesús, el
Rey recién nacido. De esta historia creíamos entender que Satanás muchas veces ataca al «bebé»
cuando es pequeño y vulnerable. Por la experiencia de otros, aprendimos que cuando se comienza
un nuevo ministerio para Cristo o cuando alguien
se lanza por fe a hacer la voluntad de Dios, Satanás
siempre trata de sofocar al mismo comienzo lo que

Dios está haciendo, antes de que tome impulso y se fortalezca en la fe.

Cuando comenzábamos nuestro ministerio en el Tabernáculo de Brooklyn, ambos pensábamos que entendíamos y estábamos preparados para los ataques de Satanás. Estábamos (y aún lo estamos) hambrientos de ser como los primeros cristianos que tan poderosamente experimentaron la mano del Señor en su vida. Carol y yo queríamos que el Tabernáculo de Brooklyn fuera un lugar donde la gracia de Dios fuera bien evidente y no que solamente se hablase de ella. Pero pronto aprendimos cuán duro puede ser cuando atacan al «bebé».

La historia de este ataque satánico comienza con algunos preciosos versículos del Nuevo Testamento que Dios usó tremendamente en mi vida. Describen un hermoso cuadro de la iglesia que Dios bendice:

> Los que se habían dispersado a causa de la persecución que se desató por el caso de Esteban llegaron hasta Fenicia, Chipre y Antioquía, sin anunciar a nadie el mensaje excepto a los judíos. Sin embargo, había entre ellos algunas personas de Chipre y de Ci-

rene que, al llegar a Antioquía, comenzaron a hablarles también a los de habla griega, anunciándoles las buenas nuevas acerca del Señor Jesús. El poder del Señor estaba con ellos, y un gran número creyó y se convirtió al Señor (Hechos 11:19-21).

¿CUÁL ES EL SECRETO?

Por extraño que parezca, la gran iglesia cristiana de Antioquia había sido fundada por unos desconocidos y anónimos «varones de Chipre y de Cirene». ¿Cuál era entonces el verdadero secreto de su maravilloso nacimiento? Una simple frase lo dice todo: *«El poder del Señor estaba con ellos»*. Sin el Nuevo testamento, que aún no estaba escrito, rodeados de judíos y romanos hostiles, sin los beneficios de una religión legalizada ni edificios de iglesia formales, sin recursos ni ingresos aparentes, sin materiales impresos ni sistemas de sonidos ni coros ni entrenamiento en seminarios, unos creyentes anónimos comenzaron una de las congregaciones más dinámicas de la era cristiana.

La Biblia no especifica el método ni la declaración doctrinal de los fundadores. Sólo se nos dice que «el poder del Señor estaba con ellos». ¡Por la bendición de Dios, esta iglesia condujo multitudes al Señor Jesucristo en arrepentimiento y fe! No importó lo que estaba *contra* los creyentes porque la bendición y la gracia de Dios estaba *a favor* de ellos en forma notable.

Pronto la iglesia más antigua de Jerusalén supo que la bendición de Dios se estaba derramando sobre esta singular congregación judeo-gentil en Antioquía. Los líderes enviaron a un hombre de confianza, Bernabé, a confirmar las maravillosas noticias. Hechos 11:23 registra lo que sucedió después: «Cuando él llegó y *vio las evidencias de la gracia de Dios,* se alegró y animó a todos a hacerse el firme propósito de permanecer fieles al Señor».

Bernabé vio la evidencia de que Dios estaba bendiciendo y obrando en forma especial. La iglesia en Antioquia no tenía departamento de publicidad ni revistas que hablara maravillas de ella, pero no necesitaba estas cosas. ¡Cuando los incrédulos están arrepintiéndose del pecado y volviéndose al Señor, cuando hay que organizar bautizos masivos, cuando hay reuniones de oración poderosas, cuando hay espíritu de unidad y amor entre los creyentes, eso, amigos míos, es un poco del cielo en la tierra!

El impacto total de aquellos creyentes anónimos y la iglesia que fundaron gira alrededor del hecho de que «el poder del Señor estaba con ellos». Lo que ocurrió en Antioquía dos mil años atrás puede ocurrir también hoy. Estemos dónde estemos, podemos experimentar la bendición de Dios a tal grado que su mano de poder esté con nosotros. Lo mismo si somos pastores, maestros, evangelistas, educadores cristianos o ministros de música que si tenemos otras posiciones en nuestras iglesias, podemos lograr más para el Reino de Dios de que lo que jamás hemos soñado si aprendemos el secreto de pedirle al Señor que extienda su mano y haga lo que sólo él puede hacer en medio nuestro.

Estemos dónde estemos, podemos experimentar la bendición de Dios a tal grado que su mano de poder esté con nosotros.

Este es el plan de Dios para nuestra vida como cristianos y como parte de «su cuerpo, que es la iglesia» (Colosenses 1:24). Nuestro llamado primordial es a vivir en comunión con Cristo y trabajar con él en la extensión de su Reino. No captar esto es perder el profundo sentido de plenitud y gozo que vienen sólo cuando estamos asociados con Jesús. Significa también que perdemos la *vida* que Dios quería que viviéramos y que solo vivimos en el nivel físico. Job resume bien las cosas cuando hace la siguiente observación: «Desnudo salí del vientre de mi madre, y desnudo he de partir» (Job 1:21). Toda casa, todo automóvil y todas nuestras inversiones se evaporarán en un segundo con la venida de Cristo. Pero disfrutar las bendiciones de Dios y trabajar por la causa de Cristo sí tienen valor hoy y en la eternidad.

SATANÁS, NUESTRO INCANSABLE ADVERSARIO

Satán conoce muy bien el papel decisivo que las iglesias locales tienen en la edificación del Reino de Dios. Ha sufrido muchas perdidas cuando las congregaciones se han conectado debidamente con el Cristo viviente. Dada la amenaza que las congregaciones cristianas son para Satanás, las iglesias son su principal objetivo. Astutamente echa mano a cualquier ardid para hacernos ineficientes. Comienza tratando de engañar a los cristianos en cuanto a la importancia vital de la iglesia local y su potencial en Dios. Quiere que los cristianos piensen que la «iglesia» es solo un lugar que se visita los domingos... si uno tiene tiempo. Nuestro adversario trata de sepultar algunas congregaciones bajo una avalancha de tradicionalismo y ceremonias carentes de vida. A muchas iglesias las hace ineficaces sofocando y desalentado el espíritu de oración. En otras instiga contiendas y divisiones, chismes y rencillas, todo lo cual está dirigido a alejar la presencia y el poder del Espíritu Santo. La división en una iglesia beneficia también sus designios demoníacos. Él trata de neutralizar algunas iglesias a través de la falsa doctrina, el fanatismo emocional y las actitudes inflexibles. Y, por supuesto, los pastores y otros siervos de Dios están bajo continuos e intensos ataques personales y espirituales porque Satanás sabe que muchos creyentes quedan heridos y debilitados cuando un líder cae.

¡Qué trágico es que muchos creyentes escudriñen diariamente los periódicos para enterarse de los últimos acontecimientos mundiales, cuando las cosas *más importantes* para Dios están sucediendo en nuestras mismas iglesias!

Hoy necesitamos desesperadamente no sólo un avivamiento espiritual entre nuestras iglesias, sino un despertar a la importancia que Jesús asigna a *toda* congregación cristiana. ¿Cómo puede el cristianismo ser más victorioso que las iglesias cristianas?

La historia de la iglesia en Antioquía fue como una encrucijada para Carol y para mí cuando entramos al ministerio. Como pastor estaba animado por el potencial que una iglesia local podía tener a través de Dios. El puñado de personas que asistían al Tabernáculo de Brooklyn cuando llegamos, el vecindario escuálido del centro de la ciudad donde la iglesia estaba situada, nuestra falta de entrenamiento y experiencia en el ministerio fueron los factores que nos hicieron anhelar un poco de «la mano del Señor» sobre nosotros. *Si Dios pudo derramar abundante gracia sobre la iglesia en Antioquia ante tan limitadas y hostiles circunstancias, pensamos, ¿por qué es imposible que lo haga ante nuestro dilema?* Junto al pequeño grupo de nuestras reuniones de oración los martes, Carol y yo comenzamos a rogar a Dios que derramara su gracia nuevamente.

UNA EXTRAÑA LLAMADA TELEFÓNICA

Fue en ese tiempo que un domingo terminó con una extraña llamada telefónica a las 11:00 p.m. Quien llamaba era un pastor de Dakota del Sur que no conocíamos. Aún hoy no tengo idea de cómo obtuvo nuestro número telefónico. Se le oía apasionado y sincero mientras nos hablaba de su carga por el trabajo en el barrio pobre del centro de la ciudad. El Señor parecía estar dirigiendo a su familia en nuestra dirección y quería saber si necesitábamos alguna ayuda. Lo escuché cortésmente, y luego le hablé sinceramente sobre nuestra situación. Le explique que éramos nuevos en la iglesia, novatos en el ministerio y no teníamos recursos financieros. (Por cierto, ambos teníamos un segundo trabajo para llegar a fin de mes). Fui evasivo sobre su venida a trabajar con nosotros porque no sabía quién era, pero le prometí orar que Dios dirigiera sus pasos.

La siguiente llamada de aquel pastor, exactamente una semana después, fue más sorprendente. «¡Mi esposa, nuestros dos niños y yo estamos empacando y saliendo para Nueva York mañana!», dijo. Dios al parecer les había hablado claramente, y sentían que necesitaban obedecer el llamado a trabajar por Cristo en Nueva York. Esta serie de hechos me inquietaron un poco, ya que no tenía idea de lo que él esperaba de nosotros. No lo invitamos, ni siquiera lo alentamos a que viniera. La situación de nuestra iglesia no era nada prometedora. Pero, ¿qué podía decir? Él ya estaba conduciendo hacia Nueva York y llegaría en un par de días. Le pedí que me llamara cuando llegara al límite estatal de Nueva Jersey.

Cuatro días después recibí su llamada y le indiqué cómo llegar a nuestra casa. Fui al supermercado a comprar comestibles para la cena y compré los bistecs más baratos que había a la venta. No teníamos mucho dinero, pero queríamos ser hospitalarios y amables en lo posible.

El pastor y su esposa eran tan jóvenes como nosotros y tenían dos hermosas criaturas. Tuvimos una agradable comida y escuchamos los planes que tenían para que sus vidas fueran útiles para Dios, ahora que habían llegado a Nueva York. Era demasiado tímido e inexperto para preguntarle sobre su formación pastoral y cómo habían podido dejar Dakota del Sur tan de repente.

Cuando la cena terminó, nos enfrentamos a un

evidente dilema. No tenían un lugar donde alojarse, ya que todo había sido «un paso de fe». Inicialmente no tenía una solución, pero les ofrecí una habitación en el segundo piso de la iglesia. No era mucho, pero una anciana vivía allí en un pequeño departamento, y otro miembro de la iglesia vivía con su hija. El pastor y su familia podían compartir la cocina y el baño con las otras familias por un tiempo. Pero ¿por cuánto tiempo, y a dónde iba a para todo aquello? Salieron de casa y se fueron a la iglesia, donde convenimos vernos nuevamente el domingo.

La noche siguiente, las actividades de la iglesia de los viernes permitieron a nuestros visitantes conocer a algunos miembros de nuestra pequeña congregación. El pastor y su esposa se sentaron juntos el domingo por la mañana, y durante el culto de la tarde los presenté. Luego conversamos y noté que habían hecho amistad con algunos miembros con bastante rapidez. Todo marchaba bien, o por lo menos así parecía.

El primer indicio de problemas llegó al siguiente día, cuando recibí el llamado de una mujer que vivía en la iglesia con su hija. Ella era muy leal a mi esposa y a mí, y esa fue la razón por la que llamaba.

«Tiene un verdadero problema en sus manos», dijo, «y se trata del pastor que nos visita con su esposa». Había escuchado cómo nos criticaban delante de algunos miembros de la iglesia diciendo que vivíamos por lo alto y no nos ocupábamos de las necesidades de la congregación. Según aquella señora, hasta nos habían criticado por comer frecuentemente bifes costosos.

Me pareció increíble lo que decía. La pareja parecía tan buena y no habían estado en Nueva York ni siquiera una semana. Le dije que se tranquilizara, que no se preocupara, pensando que había entendido mal.

Lo extraño es que parecía que la gran carga que sentía era por mí y no por nadie más.

Esa noche empecé a estudiar y a orar por el siguiente día, que incluía estar todo el día en la iglesia y dirigir el culto del martes en la noche. Repentinamente un tremendo espíritu de oración comenzó a tomar mi alma. El Espíritu Santo parecía interceder dentro y a través mío mientras yo derramaba mi corazón ante Dios. Las horas pasaron y yo continuaba buscando al Señor con lagrimas y fuerte llanto. Lo extraño es que parecía que la gran carga que sentía era por mí y no por nadie más.

Me arrodillaba, me sentaba, caminaba por la casa sin poder calmar aquel fuerte deseo de orar. Había pasado ya la medianoche, pero todavía mis sentidos espirituales se estaban ejercitando de una forma inusitada. Finalmente, ya cerca de las dos de la madrugada, comencé a pensar en mi necesidad de descansar un poco para el día siguiente.

¡ATAQUE ESPIRITUAL!

Llegué a la iglesia cerca de las 9.30 de la mañana, y me dirigí a la cocina, donde tomé un café. El ministro y su esposa se unieron a mí más tarde y nos sentamos a la mesa. Quería apartar de mi mente la llamada telefónica de aquella mujer antes de continuar con mi día, de manera que les conté lo que me habían dicho acerca de sus conversaciones. ¿Era verdad? Si era así ¿por qué hablaron cosas tan falsas y perjudiciales?

El pastor y su mujer se miraron por un momento y él dijo:

—Quizás tengamos que decirle ahora, cariño. ¿Qué piensas?

Ella alzó la vista de forma extraña y comenzó a reír despacito y en un tono muy bajo le respondió:

—¡Sí, díselo ahora! Es tiempo.

Se paró rápidamente y se volvió hacia mí.

—Se acabó, Jim. Todo terminó para ti y tu esposa. Nunca volverás a predicar aquí. Dios nos ha enviado a encargarnos de todo y a ordenar las cosas.

Luego comenzaron a reír burlonamente en un tono bajo.

En ese instante yo estaba sentado en mi silla confundido y paralizado. *¿Quiénes son estas personas, y qué está sucediendo en esta cocina?* Pero no habían terminado, no por un buen rato. Se levantaron y comenzaron a girar a mi alrededor, hablándome, acusándome y jactándose, pero todo esto dentro de un cuadro espiritual. Sus ataques personales fueron un asalto que yo nunca había experimentado. Procedieron a enumerar las razones por las que debía irme y afirmaban que Dios les había hablado claramente.

Traté de razonar con ellos, pero mis esfuerzos llevaron las cosas a una batalla verbal que continuó por horas. Íbamos de habitación en habitación, y la intensidad era increíble. Algunas veces me sentía débil en mi resolución y pensaba que debería irme y rendirme. Su tenacidad y acusaciones me desgastaron. Pero algo en mi corazón me impulsó a enfrentarlos nuevamente.

La pareja enumeró a los miembros de la iglesia que estaban «de acuerdo con ellos» y que querían que me fuera para que ellos ocuparan mi lugar. La anciana de ochenta años que vivía en la iglesia supuestamente los apoyaba. Ella había prestado al Tabernáculo de Brooklyn quince mil dólares cuando un pastor anterior quiso comprar el edificio, y la pareja me dijo que si ellos no se hacían cargo la mujer iba a demandar que el préstamo fuera cancelado de inmediato. Ese pensamiento me dejó completamente pasmado, de manera que inmediatamente fui y toqué a la puerta de su departamento. Para mi sorpresa, la habían vuelto en contra mía. Ella estaba del lado de ellos en cuanto a que nuestro tiempo había terminado.

Quedé aturdido. *¿Cómo pudo aquella pareja llevar a cabo toda aquella maldad en tan solo una semana? ¿Qué poder diabólico estaba enfrentado?* Parado cerca de la anciana, me volví y los vi cerca de la puerta riéndose de mí con una especie de regocijo diabólico. En un instante mi falta de experiencia, ingenuidad y deseos de razonar se evaporaron. Por primera vez pude ver claramente con qué me enfrentaba. Esto me llevó a hacer una pequeña declaración mientras clavaba la vista sobre el hombre que parecía tan sincero e inocente. «¡Tú, demonio!», grité.

Repentinamente el hombre emitió un horrible chillido y se abalanzó sobre mí a toda velocidad. Solo tenía un instante para reaccionar, pero cerré los ojos y permanecí quieto. Se detuvo a menos de medio metro, y hasta este día estoy me alegro que el Señor estuviera cuidándome y que el hombre no me golpeó. (Si me hubiera pegado y mis instintos carnales me dominaban, probablemente lo hubiera arrojado desde la ventana del segundo piso.)

Mis siguientes palabras me horrorizaron: «Tú y tu familia se van ahora mismo o llamo a la policía». Los ojos se me llenaron de lágrimas. Estuvimos discutiendo por más de cuatro horas, y yo era como un cansado luchador que había alcanzado el final de un agotador combate. Al principio la pareja no parecía estar preocupada. Pero repentinamente cambiaron de táctica y me rogaron que los dejara quedarse. ¡Me decían que me admiraban profundamente y que sería un privilegio trabajar a mi lado!

Este giro repentino me dejó totalmente confuso, pero me mantuve firme. «No», les dije, «tienen que irse». Algo dentro de mí me advertía que no me rindiera a sus ruegos por una noche más de estadía. Sentía que no iba a quedar nada de nuestra pequeña iglesia si ellos no se marchaban.

Obligar a aquella pareja a irse fue duro y emocionalmente desgastador para mí. Tomó una hora más meterles en la cabeza mi decisión. Tuve aun que ayudarles a llevar todas sus cajas al automóvil. Finalmente, ya cerca de las 4:30 de la tarde, se alejaron de nuestro pequeño y desvencijado edificio.

No hay palabras que puedan expresar la fatiga espiritual, mental y emocional que sufrí. Era joven entonces, y lleno de energía, pero durante la siguiente semana lo único que podía hacer era tirarme horas enteras en el sofá de la sala. Carol se enteró bien de lo que había sucedido, pero nadie podía entender la intensidad de aquel ataque satánico. ¡No en balde Dios me había mantenido casi una noche entera en oración ferviente! Me estaba preparando en forma sobrenatural para una intensa batalla, de manera que pudiera estar «fortalecido con el gran poder del Señor» y «hacer frente a las artimañas del diablo» (Efesios 6:10-11).

GOZO RENOVADO

Mientras me recobraba de aquel incidente agotador, algunas preguntas clave persistían. ¿Por qué Satanás llevó a cabo tan determinado asalto en una pequeña iglesia que tenía tantos problemas? ¿Por qué trató de sacar del camino a un joven e inexperto pastor, y su igualmente poco adiestrada esposa? Consideraba estas cuestiones mientras esperaba delante del Señor en oración.

Definitivamente el diablo había atacado nuestra iglesia cuando aún era bastante vulnerable, pero ¿por qué? ¿Tendría Dios algo maravilloso reservado para nosotros? Sé que Satanás está limitado en su conocimiento, pero ¿es posible que notara que algo se estaba desarrollando en nuestra aparente patética situación y eso lo llevó a atacar? Quizás sospechaba que pronto docenas, luego cientos y hoy miles de fieles se reunirían cada noche de martes para orar e interceder en el nombre de Jesús por los hombres y mujeres que están cauti vos del pecado y de Satanás. Puede ser que supiera que ex drogadictos, abogados, ex homosexuales, doctores, negros, blancos, latinos y asiáticos un día levantarían sus voces juntos para alabar al Dios que transformó sus vidas. Puede ser que supiera que un día mi poco experimentada y tímida esposa se pararía delante de 275 miembros del Coro del Tabernáculo de Brooklyn y proclamaría al mundo a través de las canciones que «el Cordero ha vencido».

Lo que Satanás pensó para mal, Dios lo encaminó para nuestro bien.

Mientras evaluaba estas posibilidades, el trauma espiritual y la fatiga lentamente se convirtieron en una fresca esperanza de que Dios, efectivamente, tenía guardado algo maravilloso para nuestro ministerio y el Tabernáculo de Brooklyn. Lo que Satanás pensó para mal, Dios lo encaminó para nuestro bien (Génesis 50:20).

Esta es una verdad muy importante para todo ministro e iglesia que sirve al Señor Jesucristo.

Dondequiera que las personas se levanten para buscar al Señor, dondequiera que alguien se aventure por fe en las promesas de Dios, dondequiera que haya un nuevo propósito de rendirse completamente a él, los más astutos ataques de Satanás ocurrirán. Nunca debemos sorprendernos ni alarmarnos cuando ataquen al bebé y Satán trate de frustrar la nueva obra que Dios está preparando.

EL ATAQUE AL JOVEN JOSÉ

¿Recuerda la historia de José en el Antiguo Testamento? He aquí un caso en que una tremenda dificultad se presentó después de una bendición de Dios. El joven José tenía sueños indicativos de que Dios lo promovería en el futuro a una posición de liderazgo y autoridad. (José no había pedido tener sueños, pero creía que los suyos eran de origen divino.) Uno pensaría que la familia de José se regocijaría porque el favor especial de Dios reposaba en uno de ellos. Era exactamente lo opuesto. Los hermanos de José, que no lo querían para nada, «le tuvieron más odio todavía» (Génesis 37:5). Aún Jacob, su padre, le reprendió porque pensaba que estaba siendo demasiado arrogante para su edad.

Pero Dios estaba listo para usar la vida de José y cumplir el plan que tenía con una nación entera. En lugar de discernir esto, sus hermanos por poco lo matan, y terminaron vendiéndolo como esclavo a unos mercaderes madianitas.

Mientras José viajaba en esa caravana hacia el sur y lo que parecía ser el rastro del olvido, ¿cuáles habrían sido sus pensamientos acerca de los sueños proféticos de Dios? ¿Cómo podrían cumplirse ahora que las bases de su vida se habían roto? Como siempre, Satanás atentó arruinar en su inicio los propósitos de Dios. Pero el odio y el celo que Satanás avivó para destruir a José ayudaron a que se cumplieran los sueños que Dios le había dado al joven.

Ya en Egipto, después de muchas pruebas, José terminó siendo el segundo en la dirección de la nación. Todo sucedió porque «el Señor estaba con José» (Génesis 39:2). Dios hizo mucho más de lo que José pudo haber imaginado, no obstante los ataque diabólicos cuando era joven y vulnerable. Y lo mismo sucede con cada ministro e iglesia que se apega a las promesas de Dios de bendición y protección.

Si Dios es por nosotros, ¿quién contra nosotros? Ningún arma forjada en contra nuestra puede frustrar el plan de Dios de usarnos para su gloria. Ni la oposición, ni los celos ni el odio deben jamás desalentarnos. Antes, todas estas cosas deben producir en nosotros el regocijo de que Dios nos tiene algo grande. ¿Por qué otra razón Satanás se va a tomar tantas molestias para desalentarnos y tentarnos a dejar de mirar las promesas ciertas de Dios?

No deje de creer en lo que Dios ha confirmado en su corazón. No importa cuán desagradable y desalentadora parezca la situación, Dios puede cumplir su palabra en lo concerniente a su vida, su ministerio y su iglesia.

UN RECORDATORIO IMPORTANTE

Finalmente, recuerde que cuando Dios envió a Moisés a enfrentarse a Faraón por la cuestión de los esclavos hebreos, su «ministerio» no comenzó en forma espectacular. Satanás, como siempre, estuvo allí tratando de cortar el retoño. Moisés tuvo que llenarse de valor para acercarse al poderoso soberano de Egipto y demandar que al pueblo de Dios se le permitiera adorar a Jehová en el desierto. No obstante sus temores, Moisés obedeció y llevó la palabra del Señor a Faraón ¿Los resultados? Faraón lo echó como un molesto agitador que estaba distrayendo a los hebreos de su trabajo. Luego dio nuevas ordenes:

> «Ya no le den paja a la gente para hacer ladrillos. ¡Que vayan ellos mismos a recogerla! Pero sigan exigiéndoles la misma cantidad de ladrillos que han estado haciendo. ¡No les reduzcan la cuota! Son unos holgazanes, y por eso me ruegan: Déjanos ir a ofrecerle sacrificios a nuestro Dios". Impónganles tareas más pesadas. Manténganlos ocupados. Así no harán caso de mentiras» (Éxodo 5:7-9).

En vez de libertar al pueblo de Dios de sus ataduras, lo que consiguió Moisés fue meterlos en un lío con Faraón y provocarles nuevas adversidades. Los dirigentes israelitas estaban tan enojados por el lío que Moisés parecía haber causado que lo acusaron de que ahora ellos eran «unos apestados delante de Faraón y de sus siervos» y de ponerles «la espada en la mano, para que nos maten» (Éxodo 5:21).

Piense en las muchas veces que Satanás ha usado esta estrategia contra los siervos de Dios y su Iglesia. En el mismo momento en que salimos por fe en obediencia al llamado de Dios, la sedición, la oposición y un aparente caos son los únicos resultados visibles. Todo el infierno trabaja unido para producir temor, desaliento y lograr que desistamos.

Pero el pueblo que Dios ha bendecido debe perseverar a toda costa. Debe entender que Satanás lucha más arduamente cuando los más grandes avances y las mayores bendiciones espirituales están a la vuelta de la esquina. Sin embargo, así como el niño Jesús en Belén fue librado de lo que parecía ser una muerte segura, Dios protegerá y fortalecerá a sus escogidos.

Dios ha comenzado la buena obra en nosotros, y la completará mientras esperamos en fe (Filipenses 1:6). Luego nos uniremos a la canción de otro bendito siervo de Dios que experimentó los ataques del enemigo y escribió:

El Señor es mi luz y mi salvación;
   ¿a quién temeré?
El Señor es el baluarte de mi vida;

¿quién podrá amedrentarme?
Cuando los malvados avanzan contra mí para
    devorar mis carnes,
cuando mis enemigos y adversarios me atacan,
 son ellos los que tropiezan y caen.
Aun cuando un ejército me asedie,
no temerá mi corazón;
aun cuando una guerra estalle contra mí,
yo mantendré la confianza...
Pero de una cosa estoy seguro:
he de ver la bondad del Señor en esta tierra de
    los vivientes.
Pon tu esperanza en el Señor;
ten valor, cobra ánimo;
¡pon tu esperanza en el Señor! (Salmo 27:1-3,
    13-14).

*Padre, ayúdanos a creerte, sin importar qué
ven nuestros ojos naturales. Llévate nuestro
desánimo y temor de manera que podamos
servirte con valor. Extiende tu mano, como
en el pasado, para que experimentemos tu
gracia sobrenatural en nuestros días. No ol-
vidaremos darle a Jesucristo todo el honor y
la alabanza a su nombre. Amén.*

DOS

NUESTRA DIETA ESPIRITUAL

La gente quizás no piensa mucho en estos días acerca del destino eterno de su alma, pero no cabe duda de que están mejor educados acerca de sus cuerpos físicos en la tierra. Las dietas y la nutrición son dos de los temas más candentes, y la fuente de una industria de miles de millones de dólares. «Los que saben» se concentran mucho más en la largura de la vida o en la prevención de las enfermedades. Declaran que los niveles de energía, estabilidad emocional y aun la claridad de los pensamientos pueden ser dramáticamente afectados por lo que comemos. Día a día muchos de nosotros nos convencemos de cuán importante es el balance químico en nuestro cuerpo. Tenemos conocimientos del dicho «Eres lo que comes». Lo que metemos en nuestro cuerpo afecta la manera en que nos sentimos, pensamos y vivimos.

No soy un experto en el tema, pero la reciente experiencia de una mujer me dio una perspectiva de este asunto. María, la esposa de un pastor amigo, estuvo sufriendo con problemas de salud por un buen tiempo. Oramos frecuentemente por ella en nuestras reuniones de equipo en el Tabernáculo de Brooklyn, por lo que hace unos meses atrás le pregunte a mi amigo cómo estaba su esposa. Ahí fue cuando escuché esta interesante historia.

UN EXPERIMENTO QUE DIO RESULTADO

Los problemas físicos de María comenzaron hace unos nueve años con enfermedades pulmonares y el desarrollo de un estado asmático. Los últimos tres años resultaron muy duros. El uso creciente de antibióticos, esteroides de toda clase, nebulizadores y cuatro clases diferentes de atomizadores cobraron su precio. María estaba muy enferma. Las pesadas dosis de medicamentos le provocaron una flebitis en las piernas. También contrajo pulmonía tres veces en cuatro años. Su sinusitis se agravó tanto que los doctores recomendaron una cirugía, que no sería simple. Habría un largo y doloroso período de recuperación por lo sensible que era la zona afectada.

Una semana antes de la cirugía, María se puso en contacto con un nutricionista. Convencido de que la cirugía trataría los síntomas y no la causa, la examinó cuidadosamente y le recomendó una dieta especializada que debía mejorar su estado. Su marido lo dudaba mucho y estaba seguro de que la cirugía era inevitable. Se preguntaba: *¿Cómo un cambio de dieta va a corregir nueve años de problemas físicos crónicos que habían llegado a ser tan serios?*

María guardó la dieta y luego de unos días cancelaron la cirugía. Una semana después ya no boqueaba en busca de aire. No necesitó más atomizadores ni más antibióticos. ¡Su marido estaba tan asombrado por el completo cambio que él mismo sacó una cita con el nutricionista! Hoy se siente muy bien y lleno de energía.

Obviamente, no todas las condiciones médicas pueden mejorar tan rápidamente con un cambio de dieta. Pero no importa qué opinemos de los perjuicios de las grasas y los carbohidratos y los beneficios de las frutas y los vegetales, no podemos negar que nuestros cuerpos operan de acuerdo a las leyes físicas. Tampoco podemos negar que las consecuencias de estas leyes son ineludibles. Los problemas de salud, los niveles de energía y los cambios de ánimo están frecuentemente relacionados con la dieta. (¡Tenía un amigo en la escuela al que se le alteraba visiblemente la personalidad cuando se comía dos o tres barras de chocolate!)

ALIMENTO PARA NUESTRO SER ESPIRITUAL

No obstante, necesitamos más que una dieta balanceada para estar completamente sanos. Aún cuando tenemos una estructura física compleja, ¡somos esencial y principalmente seres espirituales! Esto es lo que nos separa del reino animal, ya que los animales no tienen naturaleza espiritual. De la misma manera que para lograr una buena salud y un buen crecimiento en el reino corporal es críticamente necesaria una adecuada y bien balanceada dieta, nuestra parte espiritual necesita del alimento espiritual adecuado. Por eso Dios pronunció estas palabras a través del profeta Isaías:

¡Vengan a las aguas
    todos los que tengan sed!
¡Vengan a comprar y a comer
    los que no tengan dinero!
Vengan, compren vino y leche
    sin pago alguno.
¿Por qué gastan dinero en lo que no es pan,
    y su salario en lo que no satisface?
Escúchenme bien, y comerán lo que es bueno,
    y se deleitarán con manjares deliciosos (Isaías
    55: 1-2).

Aun cuando hay un consenso general en la Biblia de que sólo la salvación a través de Jesucristo satisface el anhelo espiritual que tenemos, hay una aplicación más especifica de estas referencias al «agua», al «vino», a la «leche» y al «pan» en este pasaje. Estas palabras se refieren a un importante principio espiritual del que nadie está exento. Así como los problemas físicos son el resultado de dietas impropias y deficiencias vitamínicas, los problemas espirituales frecuentemente son el resultado de estar espiritualmente subalimentados. Así como la diabetes, el colesterol alto y un montón de otros problemas pueden tratarse con un cambio de dieta, numerosas cosas se pueden acomodar en nuestra vida como cristianos cuando seguimos un simple pero radical cambio de dieta. «Eres lo que comes» también es verdad en el reino espiritual, pero muchos creyentes viven en un estado de negación de la causa real de sus problemas.

«Eres lo que comes» también es verdad en el reino espiritual, pero muchos creyentes viven en un estado de negación de la causa real de sus problemas.

Es posible ser un cristiano nacido de nuevo en el sentido bíblico de la palabra, y al mismo tiempo estar enfermo y débil por una mala alimentación espiritual. Esto explica bastante la falta de gozo, semidepresión e infructuosa vida de muchos creyentes hoy. Creo que es una causa fundamental de la ascendente estadística de divorcios entre los cristianos y el crecimiento de la carnalidad a través de la tierra.

¿Cómo podemos pelear «la buena batalla» y

permanecer fuertes ante nuestro enemigo Satanás cuando nuestros signos vitales espirituales están peligrosamente bajos? ¿Cómo puede una iglesia producir un impacto positivo en su comunidad cuando ni siquiera puede reunir a sus miembros para orar? Una de los secretos de la iglesia y el pueblo que Dios bendice es que entiende y sigue las directivas que el Señor mismo dio para que mantuviéramos la fortaleza y vitalidad espiritual.

¡Cómo vamos ser diferentes de lo que comemos! ¿Cómo puede la gracia de Dios obrar poderosamente en nosotros cuando nos privamos del alimento que él ha preparado para nuestra alma? ¡Solo un tercio de los que asisten a la iglesia, cristianos profesantes, leen la Biblia por lo menos una vez a la semana! Con razón están espiritualmente flojos y son fácil presa de los ataques de Satanás. La práctica de la oración en privado y colectivamente como iglesia ha caído al nivel más bajo en muchos lugares. No es de extrañar que las congregaciones apenas sobrevivan y no tengan valor ni poder como testigos del evangelio ante los incrédulos. Podemos estar espiritualmente «vivos» pero en estado comatoso.

Dios promete claramente que «él apaga la sed

del sediento y sacia con lo mejor al hambriento»
(Salmo 107:9), pero ¿cómo podemos experimentar estas bendiciones si nunca nos sentamos a la mesa y comemos? Nuestro cuerpo natural conoce la satisfacción y deleite de comer buenas comidas, ¿pero qué sucede con nuestro hombre interior que no está interesado en carne y papas? No en balde tantos cristianos se sienten insatisfechos y vacíos. Nuestro «hombre espiritual sólo puede alimentarse cuando participamos de la Palabra de Dios y recibimos la renovación que viene del Espíritu Santo.

Esta falta de bienestar espiritual también explica por qué hay tan poca alabanza y tanta queja en nuestra vida. Qué poco podemos identificarnos con las palabras del salmista: «Mi alma quedará satisfecha como de un suculento banquete, y con labios jubilosos te alabará mi boca» (Salmo 63:5). Al igual que la gente enloquece por una comida de gourmet y pagan tributo al chef que la preparó, el pueblo de Dios continuamente debería cantar las alabanzas de aquel que los alimenta diariamente con «lo mejor de los alimentos». Una iglesia que Dios ha bendecido es gozosa, bulliciosa, musical, porque ¿cómo podría ser de otra manera? Cuando «probemos y veamos que el Señor es bueno» (Salmo 34:8), nos uniremos de todo corazón con los «labios cantantes» del salmista, no importa nuestra personalidad ni nuestro trasfondo denominacional. ¡Qué vergüenza que muchos cristianos se entusiasman más y expresan mejor su emoción al hablar de los partidos de fútbol o de un crucero oceánico que cuando hablan de Jesucristo, el Señor de los cielos y la tierra!

RUMBO A LA MADUREZ ESPIRITUAL

Existen otros indicadores de cuándo la gente está subalimentada espiritualmente. ¿Se ha preguntado alguna vez por qué algunos creyentes viven en un estado espiritual de perpetua infancia y nunca crecen? El problema está en lo que reciben espiritualmente. El apóstol Pedro nos da la guía de nutrición de Dios para el crecimiento espiritual: «Deseen con ansias la leche pura de la palabra, como niños recién nacidos. Así, por medio de ella, crecerán en su salvación» (1 Pedro 2:2).

Muchos pastores conocen la frustración de tratar de ayudar a las personas que dicen haber sido cristianas por años y tienen la madurez de niños que se enojan cuando alguien les quita los creyones. Los creyentes que no beben continuamente la leche pura de la Palabra de Dios permanecen aniñados e inestables porque rechazan el alimento espiritual que ayuda a crecer. Qué cruel sería privar a un recién nacido de su leche y hacerlo sufrir las horribles consecuencias. Pero piense en todos los «recién nacidos» de Dios que están impedidos de crecer espiritualmente porque se privan de la leche pura que su espíritu desea.

Este principio se profundiza cuando contemplamos el gran número de personas que beben «leche espiritual» y nunca dejan el biberón. Qué ridículo sería ver a una persona de treinta y cinco años de edad chupando un biberón y comiendo de un frasco de comida para bebé. Pero eso exactamente puede suceder si no mantenemos una dieta espiritual balanceada. El apóstol Pablo advirtió a la iglesia de Corintios ese peligro: «Les di leche porque no podían asimilar alimento sólido, ni pueden todavía» (1 Corintios 3:2). Los corintios tenían muchas otras cosas que aprender aparte de los principios del cristianismo, pero eran demasiado inmaduros y mundanos para digerir «el alimento sólido» de la Palabra de Dios.

Para crecer hasta la madurez espiritual, es me-

nester estar conscientes cada día de la necesidad de
nuestro hombre interior y recordar el pasaje que
dice que «conviene que el corazón sea fortalecido
por la gracia» (Hebreos 13:9). La gracia de Dios
viene en diferentes formas y a través de varios ca-
nales, pero la verdad permanece inalterable. Cuando rechazamos cosas como la lectura de la Biblia,
orar, adorar y tener comunión con otros creyentes,
el que de una u otra forma vamos a enfrentar problemas es tan cierto como que después de la noche
llega el día. ¿Cómo vamos a ser diferentes de lo
que comemos?

Para crecer hasta la madurez espiritual,

es menester estar conscientes cada día de

la necesidad de nuestro hombre interior y

recordar el pasaje que dice que «conviene que

el corazón sea fortalecido por la gracia»

Nadie conoce mejor esta verdad que Satanás.
La parte de la lucha espiritual que muy pocos de

nosotros consideramos es la estrategia demoníaca de cortarnos el suministro de alimentos. Satanás sabe que un creyente «fortalecido en el Señor» es una cosa y uno débil y enflaquecido es otra. Por esta razón, usa montones de distracciones, desalientos y mala comida para privarnos del alimento espiritual diario y vital que necesitamos. Tratará de mantenernos ocupados, muy cansados, desanimados –cualquier cosa– para impedirnos la comunión con el Señor y su Palabra.

Aun cuando ignoremos el importante llamado de Dios en nuestra vida, Satanás sabe muy bien que hemos sido «llamados a tener comunión con su Hijo Jesucristo» (1 Corintios 1:9). No todos son pastores, maestros o misioneros, pero todos hemos sido llamados a que nuestra fortaleza espiritual derive de una vida de comunión diaria con Cristo. Satanás usa cualquier cosa para alejarnos de nuestra comunión con Dios, de manera que pueda debilitarnos y ablandarnos en su próximo ataque.

¿Es causa de sorpresa entonces que el Señor llame de urgencia a su pueblo a que escuche cuidadosamente este mensaje? «Vengan», nos invita, «vengan a las aguas». Ruega que permitamos que nuestro corazón busque y procure que nuestra alma sea satisfecha. Nos invita a ir a lugares de refrigerio para no pasar hambre ni secarnos. El río está corriendo. Hay abundancia de aguas. La mesa está servida. Pero debemos tomar el tiempo necesario para recibir lo que Dios gratuitamente ofrece, si no todo será inútil. ¿Qué beneficio produce un «manjar delicioso» si nadie se sienta a disfrutarlo? El corazón de Dios clama: «¿Por qué gastar dinero en lo que no es pan, y trabajar por lo que no satisface?» ¿Por qué vivir de la comida chatarra del entretenimiento mundano y poner todo nuestro empeño en triunfar en alguna profesión cuando todo esto lo deja a uno vacío e insatisfecho?

Puede que Satanás esté tratando de impedir que usted reciba la gracia de Dios. Si es así, no le crea la mentira de que usted no es digno, de que no está listo o de que no es lo suficientemente listo para acercarse a su mesa. Dios está diciendo: «¡Ven y tómalo!» Todo es gratis y nos está esperando gracias a su gran amor por nosotros. Los que diariamente «comen» de la Palabra de Dios y regularmente «beben» del Espíritu Santo experimentarán la verdad que el rey David escribió cientos de años atrás:

«Prueben y vean que el Señor es bueno... Comerán los pobres y se saciarán» (Salmo 34:8 y 22:26).

Es asombroso cuán profunda pueden ser el hambre y la sed espiritual en el alma de algunos. Pero qué admirable es encontrar la verdadera satisfacción a través de Cristo que suple el anhelo que tenemos dentro. Al principio mencioné a María y el maravilloso cambio físico que recientemente experimentó. Pero mucho antes de que su vida se transformara físicamente, recibió un cambio aún más maravilloso, y esto no tuvo que ver con ninguna visita al consultorio de un doctor.

PESADILLAS Y CICATRICES PROFUNDAS

Los padres de María habían estado casados doce años antes de que ella naciera. La espera del primer vástago trajo gran alegría, pero durante ese tiempo la madre de María padeció de terribles dolores de cabeza. En el quinto mes de embarazo, los dolores eran tan severos que su marido la encontraba golpeándose la cabeza contra la pared o hablando incoherencias. Los exámenes médicos descubrieron un tumor canceroso en el cerebro. Cuando apenas tenía veintinueve años de edad la sometieron a cirugía mayor. No sobrevivió la operación. La pequeña bebé de poco más de un kilogramo sí sobrevivió. Esto dejó al padre de María en una situación muy difícil y tan devastado emocionalmente que ni siquiera pudo ponerle nombre a su hija. El certificado de nacimiento de María no tiene nombre registrado; una enfermera tuvo que darle su nombre.

María pasó los primeros cinco meses de vida en un hospital de Nueva York, donde sufrió severas complicaciones físicas. Su padre la llevó a su casa y contrató una niñera. Pero cuando María tenía dos años y medio de edad, la internó en un colegio católico romano muy caro. Era lo más que podía hacer. Allí al menos recibiría educación y atención física y emocional, y recibiría además enseñanza religiosa sólida. O al menos eso creía.

Las apariencias engañaban. María sufrió gran crueldad de manos del personal. Los golpes y y los pellizcos eran parte de los abusos físicos, pero solo una pequeña parte de la pesadilla. El abuso emocional era horrible. Le dijeron que estaba allí porque Dios sabía «que no merecía una madre». Luego estaba el abuso sexual. María se despertaba en medio de la noche completamente desnuda con una mujer de la institución desnuda acostada junto a ella. Pesadillas y muchas cicatrices emocionales profundas fueron el inevitable resultado de semejantes maltratos a una temerosa, frágil y pequeña niña.

El personal encubrió cuidadosamente las heridas físicas, pero una visita inesperada del padre de María lo sacó todo a la luz, y eso terminó con su estadía en el pupilaje. Él había llevado a María a su casa sólo los fines de semana, pero la preadolescente se mudó con él en forma permanente.

Fue una gran transición pasar de una vida reglamentada en el internado a la relativa libertad del departamento del bajo oeste de Manhatan. La vida en las calles era dura, pero al menos estaba con su papá. María tenía tanto temor de que la «regalaran» nuevamente a aquel colegio que al principio hizo grandes esfuerzos para nunca causarle problemas a su padre. Durante su segundo día en la nueva escuela se rompió el dedo pulgar en una pelea, pero nunca le dijo nada a su papá aun cuando la recuperación fue lenta y extremadamente dolorosa.

Secretamente María se sentía como una inadaptada porque ninguno de sus compañeros vivía en un hogar con uno solo de sus padres. También se sentía insegura con cualquiera que mostrará interés en cuidarla. En un esfuerzo por integrarse, a los once años María empezó a inhalar pegamento para aeroplanos y a relacionarse con los peores chicos. A los doce años comenzó a beber, y a los trece fumaba marihuana. De ahí en adelante su vida comenzó a desmarañarse de veras.

Un día María se escapó del colegio y se fue a un cine cercano. Un policía la encontró y la llevó frente al gerente del cine donde recibió un sermón sobre la importancia de la educación. Desafortunadamente, el policía se fue pronto, y el gerente del cine la sometió sexualmente. Parecía que María no podía hallar un receso en la vida.

«DE FIESTA»

Cuando María cumplió los dieciséis años, su consumo de drogas había llegado a los «elevadores», «inhibidores» o cualquier sustancia que la alejara de la realidad. A los dieciocho se inyectaba heroína y se elevaba con «ácido», «mezcalina», y cualquier cosa que llegara a sus manos. Su vida se volvió una serie de desastres en que sobrevivió a una explosión de gas, la atropelló un automóvil, intentó suicidarse y tuvo tres sobredosis. Un día fatal volvió a casa para encontrar a su padre muerto. Ni siquiera tuvo la oportunidad de pedirle perdón por el dolor e irritación por los que lo hizo atravesar.

María pronto se convirtió en cliente habitual de las discotecas y los bares nocturnos en la ciudad. (Estaba tan empeñada en andar siempre de fiesta que inclusive encontró un club que abría los domingos por la tarde.) Conoció y comenzó a vivir con un hombre llamado Miguel Durso. Provenía de una familia de clase media alta y parecía ser la respuesta a todos sus problemas. Se enamoró profundamente. Pero con el paso del tiempo, aquella sensación de vacío apareció nuevamente. No podía encontrar nada que lo llenara.

FRENTE AL VACÍO

Miguel y María se fueron de «luna de miel» a México aun sin estar casados. María pasó de contrabando dos mil dólares en drogas para asegurarse de que su estadía en el Club Med fuera como esperaba que fuera. Una tarde Miguel decidió salir a caminar, y una vez más, María se quedó sola para enfrentar su vacío. Allí estaba, en un hermoso centro de recreo en México, rodeada de joyas, ropas y carteras de grandes diseñadores, pero sintiéndose completamente desgraciada en su interior. Por primera vez en su vida empezó a hablar con Dios. Mientras lo hacía, comenzó a enojarse. En su frustración empezó a gritar a quienquiera que pudiera estar escuchándola: «¿Qué clase de Dios eres? ¿Por qué estoy viva, si estoy tan vacía y tan triste?»

¡Repentinamente escuchó que una voz le habla-

¡Repentinamente escuchó que una voz le hablaba al corazón! Suavemente le dijo: «Dame tu vida antes de que sea demasiado tarde».

---

ba al corazón! Suavemente le dijo: «Dame tu vida antes de que sea demasiado tarde». Aun cuando no sabía lo que aquellas palabras significaban, decidió seguir lo mejor que podía los nuevos deseos que estaba descubriendo.

Tan pronto Miguel volvió, María le dijo que quería que la acompañara a la iglesia cuando volvieran a Nueva York. Él estaba tan confundido que le dijo que se fumara en seguida un cigarrillo de marihuana para que volviera en sí. Aquella no era la María que había conocido. ¿María en una iglesia? María era una mujer que usaba diminutos bikinis, a veces se había rapado la cabeza, y siempre estaba lista para irse de fiesta y endrogarse. En la mente de Miguel, María y Dios no parecían congeniar en nada.

María estuvo tan sometida durante los últimos días de sus vacaciones que Miguel no estaba seguro de que sus relaciones tuvieran futuro, aun cuando recientemente se habían mudado a un lindo departamento en Brooklyn.

Al regresar a Nueva York, María comprendió que necesitaba llamar a alguien para encontrar una iglesia que pudiera visitar. Durante toda su vida nunca nadie le había hablado del evangelio. Si ella o sus amigos accidentalmente cambiaban a un canal en la televisión donde hubiera una cruzada de Billy Graham, decían que no era más que otro religioso pícaro que iba a terminar pidiendo dinero. Pero esta vez María se sentía impulsada a ir a la iglesia, y llamó a su amiga Bárbara.

Después de saludarse, María y Bárbara se dijeron simultáneamente: «Necesito hablar contigo». María comenzó y claramente le habló a Bárbara de la necesidad de Dios que había empezado a sentir.

«¡Gloria a Dios!», exclamó Bárbara. Esto sorprendió a María porque nunca había escuchado esa frase. Y lo más sorprendente fue que su buena amiga la estuviera usando.

Bárbara rápidamente le explicó que ella y una docena de amigos habían aceptado recientemente a Jesús como Salvador. Incluso se habían reunido para orar específicamente por Miguel y María, la misma noche que María sintió a Dios hablándole al corazón. Bárbara le recomendó una iglesia en Brooklyn, y María convenció a Miguel de que la acompañara.

Aun cuando Miguel lo tomó como una broma y medio que se burlaba de lo que sucedía, María sabía que necesitaba lo que sintió en esa iglesia. Al final de la reunión, el pastor preguntó si estaban seguros de ir al cielo si morían esa tarde. María sabía que no tenía esa seguridad, y caminó hacia el frente para rendir su vida a Cristo. Dios evidentemente estaba obrando de una forma maravillosa porque Miguel había dejado de burlarse. Tan convencido de su necesidad de Cristo como María, ¡pasó al frente con ella!

EL PODER TRANSFORMADOR DE JESÚS

La joven y confusa pareja que asistió a una sencilla reunión del evangelio un domingo por la noche fue totalmente transformada en su estilo de vida. Las cosas de Dios y la eternidad reemplazaron los placeres momentáneos de la carne. Miguel y María Durso ahora son pastores en el Tabernáculo de Cristo, una de las mejores iglesias de Nueva York (y una «iglesia hija» del Tabernáculo de Brooklyn). Dios está bendiciendo el ministerio de ambos. Tuvimos el privilegio de ponerlos a trabajar hace quince años para empezar la obra, y aún les damos supervisión espiritual.

Hoy María viaja bastante para hablar en conferencias de mujeres e iglesias y exaltar el poder transformador de Jesucristo. La frágil jovencita que caminó tantos callejones sin salida es ahora mucho más que una sobreviviente. A través de Cristo ha llegado a ser «más que vencedora» (Romanos 8:37) y nunca más vivirá con el sombrío pensamiento de ser una víctima. Ha experimentado de primera mano qué hermosa mesa el Señor le ha puesto delante. Sabe también que la bondad y misericordia de Dios le seguirán todos los días de su vida y que habitará en la casa del Señor por siempre (Salmo 23:6).

Señor, ayúdanos a valorar y disfrutar la mesa que nos has preparado. Danos la disciplina y el deseo de tomar a diario la Palabra de Dios. Que habite en nuestro corazón y transforme nuestros pensamientos. Llénanos una y otra vez con tu Espíritu Santo mientras oramos, adoramos y esperamos delante de ti. Haz que nuestras iglesias sean fuertes y saludables en Cristo. Te pedimos todo esto en el nombre de Jesús. Amén.

TRES

EL CIELO DICTA LA MODA

Crecí entre lo que llamo «religión de tendedero». Los líderes de la iglesia a la que asistía mi familia ponían un tremendo énfasis en las normas externas y legalistas establecidas por las oficinas centrales de la denominación. Aun el más pequeño detalle de la vestimenta personal estaba regulado. Por ejemplo, mi madre me contaba que cuando aparecieron las medias sin costura décadas atrás, las condenaron por que eran «sensuales». Las mujeres que usaran otra cosa que no fuera medias con costura estaban en peligro de enfrentar la disciplina de la iglesia. Aunque usted no lo crea, cuando años después las medias sin costura se convirtieron en normal, los mismos hombres predicaban contra las medias con costura por considerarlas «tentadoras» Si todo esto parece confuso es porque lo era. Las regulaciones legalistas son duras de imponer y aun más difíciles de hacer cumplir.

La iglesia donde crecí no era la única donde los códigos para la vestimenta eran muy importantes. Mi abuela materna era parte de un grupo que hacía que nuestra iglesia familiar pareciera parte de Hollywood. El «obispo» (o pastor) prohibía usar ropas de color rojo y cualquier tipo de zapato descubierto. Entre las cosas que estaban prohibidas estaban mascar chicle, tener el cabello masculino tan largo que «tocara la oreja», que los matrimonios usaran anillos de bodas y que los hombres llevaran barba o bigote. Cierta vez, teniendo yo doce años, mi abuela estalló cuando me vio comiendo pasas que provenían de las mismas uvas con las que se producía vino, ¡y todos sabemos lo que esto te puede hacer! (Cuando me comporto disfuncionalmente, le pido a mi esposa que me comprenda porque evidentemente crecí rodeado de cosas muy extrañas.)

Dejando los extremos a un lado, es importante

que el Espíritu Santo nos enseñe el significado de lo que Dios dice acerca de la apariencia exterior en pasajes como 1 Timoteo 2:9: «En cuanto a las mujeres, quiero que ellas se vistan decorosamente, con modestia y recato». Es evidente que, dada la contaminación moral en nuestra sociedad y la extrema sensualidad que es común en la industria de la moda, los cristianos que deseen agradar al Señor a veces tienen que ir contra la marea. Lo que el mundo llama «sensacional» muchas veces es una abominación para nuestro Santo Padre.

A través de los años, varios pastores y oradores invitados han hecho interesantes observaciones sobre la forma de vestir de la congregación del Tabernáculo de Brooklyn. Me sorprendió cuando alguien mencionó por primera vez el tema, por cuanto nunca lo había pensado mucho, pero el mismo comentario se ha repetido muchas veces desde entonces. Estos ministros señalaban que aunque la iglesia estaba ubicada en un barrio pobre del centro de la ciudad y la mayoría de sus miembros no eran adinerados, los creyentes que alababan cada domingo en nuestros cultos lucían muy bien. Generalmente las damas asisten vestidas vivaz y modestamente; los varones están acicalados de acuerdo a lo que les permiten sus circunstancias. Muchos de estos pastores se me han quejado de que en sus propias iglesias esto no sucede. La ropa inapropiada y a veces hasta provocativa es común, y la gente le da muy poca atención a la pulcritud.

Todos sabemos que Dios está más interesado en el corazón de la gente que en su apariencia exterior, pero quizás lo más inteligente es que luzcamos lo mejor posible por fuera. Aun cuando un culto de la iglesia nunca debe ser un desfile de modas, la ropa inapropiada puede ser motivo de distracción y no de ayuda en la adoración a Dios.

VISTAMOS COMO ES DEBIDO A LOS OJOS DE DIOS

Me he convencido de que muchos creyentes hoy no se visten como es debido a los ojos de Dios. Este problema debería ser un tema de especial cuidado para la iglesia que desea experimentar todas las bendiciones de Dios. Creo que aun las personas que asisten regularmente a la iglesia se visten con poca o ninguna atención a las normas divinas para la moda adecuada, y esto afecta negativamente el crecimiento del reino de Dios en la tierra.

¿De qué estoy hablando? Escuchen esto: «Por lo tanto, como escogidos de Dios, santos y amados, revístanse de afecto entrañable y de bondad, humildad, amabilidad y paciencia... Por encima de todo, revístanse de amor, que es el vínculo perfecto» (Colosenses 3:12-14).

En este importante capítulo el apóstol Pablo exhorta a los cristianos de la iglesia en Colosas a ser lo que eran en Cristo. Por cuanto Dios los había elevado a una nueva vida en Cristo, necesitaban mantener su «concentración en las cosas de arriba, no en las de la tierra» (Colosenses 3:2). Después de todo, su nueva y permanente fuente de gozo y paz se encontraba solo donde «Cristo está» (v. 1).

Como miembros de la familia de Dios, necesitaban «hacer morir» las viejas y pecaminosas inclinaciones y librarse de los malos hábitos que tenían (v. 5). Pablo señala que esto era lo lógico, por cuanto al convertirse se habían quitado el ropaje del viejo hombre con sus hechos, y se habían puesto el de la nueva naturaleza, que se va renovando en conocimiento a imagen de su Creador (v. 9-10).

Fíjese en la importante figura de «quitarse» y «poner». Esto va bien con la idea de vestirse espiritualmente en concordancia con los planes que Dios tiene con nuestra vida. Qué indecoroso es para nosotros, los cristianos, estar «vestidos como lo que no somos, mientras declinamos «ponernos» el hermoso guardarropa que el Señor nos ha dado.

Qué indecoroso es para nosotros, los cristianos, estar «vestidos» como lo que no somos, mientras declinamos «ponernos» el hermoso guardarropa que el Señor nos ha provisto.

COMPASIÓN

El primer artículo en la lista de ropa del cielo es «revístanse de afecto entrañable» o compasión, como dicen otras versiones. El concepto divino de la vestimenta y el atractivo espiritual comienza con un corazón piadoso y compasivo. Se trata de un sentimiento de profundo interés que permanece en completo contraste con las frías, insensibles y egoístas actitudes de la sociedad en general. Cuando no ganan con ello, a la mayoría de las personas no les importan los problemas de otros. Qué diferente es esta actitud a la de nuestro Salvador, quien «al ver a las multitudes, tuvo compasión de ellas, porque estaban agobiadas y desamparadas, como ovejas sin pastor» (Mateo 9:36). Jesús miró más allá de las apariencias superficiales y los hábitos pecaminosos que dominaban sus vidas. Miró dentro de su corazón y sintió compasión por su estado de confusión y debilidad.

Muchos de nosotros creemos que discernir las faltas de los demás es síntoma de espiritualidad. Nada puede estar más alejado de la verdad. La verdadera característica del que es semejante a Cristo es que le conmueve lo que otros están sufriendo. Es conmoverse uno por las batallas internas con el pecado y los sentimientos de inferioridad y culpa con los que la gente pelea día tras día.

Es fácil darse por vencido con la gente que siguen andando por la senda equivocada, ¿pero qué si Cristo hubiera hecho lo mismo con nosotros? No olvidemos que todos salimos del mismo pozo negro del pecado. En vez de apartar la vista de nuestra horrible condición, Jesús mostró gran compasión y dio su vida por nosotros. Qué desagradecidos somos cuando nos revestimos de insensibilidad y justicia propia cuando la única razón por la que estamos en la familia de Dios es que el Señor es compasivo y misericordioso (Santiago 5:11).

BONDAD

La próxima prenda que debemos ponernos es la «bondad», que trae calidez y suavidad a nuestro semblante espiritual. El espíritu de bondad da a la iglesia que Dios bendice una atmósfera muy atractiva. ¿Quién no aprecia a la gente amable que dice y hace cosas buenas? En contraste, ¿hay algo más incómodo que estar junto una persona ácida, amargada, cuyas palabras y acciones están llenas de asperezas? La bondad denota esa dulzura en las relaciones sociales que lleva bendición y estímulo dondequiera que va, y que era una de las cualidades magnéticas de Jesús mientras estuvo en la tierra. Jesús era bueno y considerado con todos los que se encontraba, y nosotros los que llevamos su nombre también deberíamos distinguirnos por una bondadosa disposición al representarlo ante los demás.

D.L. Moody, el gran evangelista del siglo diecinueve, decía que lo más difícil para Dios era hacer bondadoso a un hombre. Creo que tenía razón. Muchos de nosotros memorizamos textos bíblicos y comprendemos la doctrina cristiana, pero arruinamos nuestro testimonio porque somos ásperos en nuestras conversaciones y en el trato con las demás personas. Por algún motivo a veces tenemos actitudes que hacen que nosotros y nuestra fe no seamos atractivos para las personas que necesitan que las llevemos al Señor.

Cuan fácilmente olvidamos la advertencia que sabiamente le dieron los ancianos al rey Roboam en un momento crucial de la historia de Israel: «Si Su Majestad trata con bondad a este pueblo, y condesciende con ellos y les responde con amabilidad, ellos le servirán para siempre» (2 Crónicas 10:7). Pero el nuevo rey era demasiado arrogante y engreído para prestar atención a semejante consejo, reaccionó en forma pueril y habló al pueblo con extrema dureza. ¿El resultado? Una guerra civil dividió a las doce tribus de Israel por centurias y los llevó a batallas esporádicas que costaron innumerables vidas. ¡Cuán terrible precio pagamos a veces por nuestra falta de bondad! Por algo la Biblia nos advierte que «el que es bondadoso se beneficia a sí mismo; el que es cruel, a sí mismo se perjudica» (Proverbios 11:17).

Qué diferente serían nuestra vida y nuestras iglesias si siguiéramos el consejo del apóstol Pablo cuando dice: «Asegúrense de que nadie pague mal por mal; más bien, esfuércense siempre por hacer el bien, no sólo entre ustedes sino a todos» (1 Tesalonicenses 5:15).

No es excusa que seamos malos o ásperos porque otra persona se haya comportado mal con nosotros. ¿Es esa la manera en que Dios nos trata cuando menospreciamos su voz y rechazamos su oferta de salvación? No. Es más, fue la bondad de Dios la que nos guió hacia él. No debemos nunca olvidar que Dios aún utiliza la bondad para atraer a la gente.

«El amor es bondadoso» (1 Corintios 13:4). Dondequiera que el Espíritu de Dios esté obrando y bendiciendo, allí estará la dulce fragancia de la bondad. Pero esta actitud no es fácil de mantener. Todos saben, por ejemplo, que es difícil ser amable con personas desagradecidas o malas. Nos alejamos, y es natural, de los que nunca expresan agradecimiento o tienen una desagradable personalidad. ¡Pero con Dios todas las cosas son posibles! Nuestro Señor nos ayudará a mostrarle al mundo cuán profundo y verdadero es su amor, y hará de nosotros personas amables con todos los que nos encontremos. Podemos elevarnos, a través de Cristo, sobre el pobre modelo de ser malos con la gente mala. Así podremos estar de seguros que tendremos una gran recompensa y seremos hijos del Altísimo, porque él es bondadoso con los ingratos y malvados (Lucas 6:35).

HUMILDAD

El cristiano elegante tiene todavía más prendas con qué vestirse para poder seguir el ejemplo del Señor. «Revístanse de... humildad» es la siguiente instrucción de la Palabra de Dios. La actitud de humildad nos permite tener una baja opinión de nosotros mismos, y sólo el Espíritu Santo puede darnos una vestidura tan rara. Es bien fácil ser orgullosos porque sentimos que nuestros talentos, posesiones y logros son superiores. El orgullo es tan astuto que incluso las personas bien pobres y de grandes limitaciones pueden estar llenas de sí mismas.

Cuando vivimos con una actitud de orgullo constantemente somos susceptibles a la tensión y desilusión que la acompañan. Cada pequeña observación o comparación negativa es un doloroso pinchazo a nuestro inflado ego. Vestirnos de orgullo gastamos un montón de energía defendiendo y restableciendo nuestra posición superior en la mente de los demás.

La verdadera humildad, la no fingida, comienza cuando lo que pensamos y sentimos acerca de nosotros mismos se ajusta a la verdad. La sencilla verdad acerca de Dios, de nosotros mismos y de la vida es todo lo que necesitamos. Lo único que tenemos que hacer es reflexionar en la verdad en cuanto a nuestros errores y pecados del pasado, nuestras increíbles limitaciones y la frágil naturaleza de nuestro ser. Si pasamos un poco de tiempo a solas con el Señor confesando estas cosas, estaremos bien encaminados a la obtención de un nuevo espíritu de humildad en nuestro diario vivir. Si por el contrario, vivimos en una fantasía y falsedad sobre nosotros mismos, volvemos a ponernos los vestidos fuera de moda y viejos que usábamos durante nuestra vida pasada, antes de conocer a Cristo. Cristo, el Hijo del Dios viviente, era «apacible y humilde de corazón» (Mateo 11:29). ¿No es moralmente insano que personas como nosotros seamos orgullosos? Cada talento que tenemos, cada logro en la vida, viene directamente de la bondadosa mano de Dios.

El primer secreto para recibir dirección de Dios es tener un espíritu humilde

La iglesia que Dios bendice debe mantenerse siempre en humildad delante de Dios y de los hombres. Cualquier aire de superioridad («somos la mejor iglesia») o arrogancia en el púlpito constrista al Espíritu Santo. La congregación y los líderes que entienden la necesidad de ser humildes y lo procuran nunca se saldrán del camino recto porque Dios «dirige en la justicia a los humildes, y les enseña su camino» (Salmo 25:9). El primer secreto para recibir dirección de Dios es tener un espíritu humilde.

La congregación que sabe lo que es un espíritu de humildad recibirá continuamente fortaleza de la provisión ilimitada de Dios. Se humillarán no sólo delante de Dios sino los unos con los otros. El apóstol Pedro escribió: «Así mismo, jóvenes, sométanse a los ancianos. Revístanse todos de humildad en su trato mutuo, porque "Dios se opone a los orgullosos, pero da gracia a los humildes"» (1 Pedro 5:5). Qué maravilloso es estar entre creyentes que, antes que estar luchando por lugares de prominencia como hace el mundo, procuran servirse el uno al otro en humildad y amor.

La humildad probablemente sea el más escaso de las piezas de la vestidura espiritual que se encuentra entre el pueblo de Dios. Del orgullo, sin embargo, hay abundancia y crece en proporciones asombrosas. El orgullo es como un perro de basurero que puede alimentarse de cualquier cosa, ¡incluso de las bendiciones de Dios! Si no somos cuidadosos, hasta las respuestas a nuestras oraciones nos pueden sacar de nuestra posición de dependencia del Señor, que es donde necesitamos estar. Sucede a menudo que cuando ha pasado una crisis, el que una vez era un humilde corazón empieza a creerse superior. Con qué facilidad pensamos que somos mejores que nadie cuando en realidad no lo somos. Así que dejemos a un lado los pesados y agujereados vestidos del orgullo y vistámonos de Cristo, «quien, siendo por naturaleza Dios... se rebajó voluntariamente... y haciéndose semejante a los seres humanos... se humilló a sí mismo» (Filipenses 2:6-8).

AMABILIDAD

La amabilidad, la siguiente pieza del vestido espiritual que debemos usar, no aparece en la revista Vogue ni en GQ, pero el cielo la considera de gran valor. La amabilidad tiene que ver con un espíritu de sumisión que prevalece durante las pruebas de la vida, especialmente en el trato de Dios con nuestra vida. J. B. Phillips tradujo la palabra amabilidad como «la gracia de aceptar la vida». La amabilidad es lo opuesto a la dureza que brota de un corazón alborotado. Las cosas no siempre suceden como esperamos, y nuestros mejores planes se pueden desmoronar. La vida ciertamente tiene sus desilusiones, y es aquí donde la amabilidad debe resaltar. La gracia de Dios puede ayudarnos a aceptar las desilusiones, grandes y pequeñas, de manera que podamos seguir adelante con una actitud de amabilidad, confianza y humildad. Cuando no nos vestimos de amabilidad, deshonramos diariamente a

Cristo al ventilar nuestra irritación como si Dios no supiera de nuestra situación y no hubiera permitido que el mundo girara fuera de control.

Jesús es el ejemplo de amabilidad que debemos seguir. Pensemos en cómo predicaba mientras los líderes religiosos a espaldas de la multitud se complotaban para matarlo, mientras la inconstante multitud apenas entendía la verdad que enseñaba y mientras el círculo más íntimo de sus doce discípulos discutía quién de ellos iba a ser el mayor. Las actitudes injustas y las acusaciones lo seguían por todas partes, pero Jesús se mantuvo amable y sereno.

Qué totalmente diferentes a menudo somos. Si compramos un auto que tiene defectos, queremos estallar. Hay personas que viven cada día en callada furia porque las cosas no les han salido bien y piensan que la vida es «injusta». Pero Dios puede librarnos de estas viejas y carnales formas de actuar, y ayudarnos a aceptar con amabilidad las cosas recordando que «el Señor afirma los pasos del hombre» (Salmo 37:23).

PACIENCIA

La paciencia encaja perfectamente con la amabilidad, e incluye ser compasivo con los demás. No solo los acontecimientos de la vida se ponen en contra nuestra, sino que también las personas nos ponen nerviosos. Cuando nuestros familiares, nuestros amigos y aun los no muy allegados nos deprimen, necesitamos correr al guardarropa de Dios para revestirnos de la paciencia divina. Dije paciencia «divina» porque todos fácilmente nos resentimos con los que sin querer o adrede nos hieren. Pero la iglesia que Dios bendice vive consciente de las repetidas veces que el Señor es paciente con nosotros

Aun entre los amigos cristianos hay problemas y ofensas. Esto es exactamente lo que llevó a Pablo a pedir que se toleraran unos otros y se perdonaran si es que alguno tiene queja contra otro (Colosenses 3:13). Frecuentemente nuestra inmadurez nos hace reaccionar y decir: «¿Cómo pudieron hacer eso? ¡Pensé que eran cristianos!» ¡Qué infantil es pensar que en esta vida no tendremos que enfrentar quejas, diferencias y discusiones de vez en cuando!

Cada vez que alguien hace o dice algo inapropiado, Dios nos está dando otra oportunidad para obedecer y ser «siempre humildes y amables, pacientes, tolerantes unos con otros en amor» (Efesios 4:2). ¿Habría puesto Dios en la Biblia esta amonestación de tolerarnos si no hubiera sabido que siempre habría situaciones difíciles de soportar? (Haga un viaje en el subterráneo de Nueva York y sabrá por qué Dios puso este versículo en la Biblia: «Sean que pacientes con todos» [1 Tesalonicenses 5:14]).

Ser paciente con todos nos parecerá difícil, pero desde la perspectiva celestial ¿cómo no vamos a ser pacientes? Cuando silenciosamente estamos enojados con alguien que nos hirió y albergamos resentimientos por décadas, los ángeles en el cielo deben estar tentados a quitarse los halos y rascarse la cabeza. ¿Cómo no van a estar confundidos? Antes estábamos en rebelión contra Dios, y sin embargo él esperó pacientemente que nos volviéramos de nuestros pecados. Algunos decíamos malas palabras, mentíamos y violábamos cada uno de los santos mandamientos de nuestro amante Dios. Podría habernos destruido, pero mostró increíble paciencia con nosotros. Se mostró sufrido con nosotros. Esperó que fuéramos a él. Solo Dios y nosotros sabemos las muchas veces y diferentes formas en que hemos tropezado y caído aun después de aceptar a Cristo por la fe. Sin embargo, en su amor nos levanta pacientemente como un padre amante levanta a un frágil niño. ¡Seguramente los ángeles se sienten perplejos al ver que hay pecadores a quienes el Dios Santo ha mostrado mucha paciencia y después guardan resentimientos contra los que les han «fallado», y para colmo tratan de justificar su callada amargura.

Todos hemos experimentado tanto el amor de Dios que debería ablandársenos el corazón y ser dulces y sufridos aun con las personas más rudas.

¡Corramos rápidamente al trono de gracia para quitarnos los horribles harapos del resentimiento y vestirnos con la paciencia de Cristo! Todos hemos experimentado tanto el amor de Dios que debería ablandársenos el corazón y ser dulces y sufridos aun con las personas más rudas. Desde el púlpito hasta los nuevos creyentes en Cristo, el Tabernáculo de Brooklyn está lleno de ejemplos de la gracia de Dios. Y nadie ilustra mejor la paciencia divina que Edgar Ramírez.

OSCURIDAD ESPIRITUAL, LUZ ESPIRITUAL

Edgar creció en un hogar del barrio pobre del centro de la ciudad que era mitad cielo y mitad infierno. Tenía una madre que oraba y servía a Dios, y un padre violento y bebedor que abusaba físicamente de su esposa frente a los ojos del pequeño. El padre de Edgar era la encarnación del versículo que dice que «el vino lleva a la insolencia, y la bebida embriagante al escándalo» (Proverbios 20:1). Al crecer Edgar, el temor se fue transformando lentamente en odio y furiosamente juró vengarse. Pero su admirable madre nunca perdió su fe en Cristo y trató de inculcársela a su hijo.

Los estudios de la Biblia y las oraciones que su madre hacia con él contrastaban con la idolatría y la brujería que el padre practicaba en la misma casa. Los ídolos del padre recibían sacrificios de frutas y dinero, y con el tiempo llegaron a ser parte del mobiliario de la casa. Pero la luz prevaleció sobre las tinieblas cuando Edgar le entregó su corazón al Señor a los doce años.

Por las amargas discusiones que había en su casa, el joven Edgar sintió alivio cuando su padre entró a la marina mercante. Eso significaba que estaría fuera de la casa de tres a seis meses seguidos. La ausencia de su padre trajo paz al hogar y más oportunidades para que la madre educara a Edgar en los caminos del Señor.

Edgar empezó a asistir a una iglesia de la localidad y a la edad de catorce años tuvo una notable experiencia con el Espíritu Santo. Había sentido carga por las almas, y junto con un amigo llamado Franky comenzaron a testificar a los miembros de una pandilla del parque Sunset, en la zona de Brooklyn. Pero Satanás tenía un plan para descarrilar a Edgar de la fe en el Señor. Fueron dos hombres de la iglesia los que el enemigo utilizó. Un líder de los jóvenes inició a Edgar en la marihuana. Luego un ministro trató de molestarlo sexualmente. Ambas cosas, junto con una calumnia que le levantaron, hicieron que Edgar se endureciera.

Tristemente, el joven le dio la espalda al Señor, y una oscuridad espiritual pareció descender sobre él al entrar en la adolescencia. Las drogas, las fiestas desenfrenadas, el sexo, la rabia y las peleas lo alejaron del camino en que su piadosa madre lo había dirigido. Para colmo de males, se volvió muy descreído con todos los pastores con que se topaba.

Una noche Edgar y sus compinches estaban planeando un robo de diez mil dólares a una cadena de pastelerías. Siguieron de cerca la camioneta que recolectaba el dinero de los numerosos negocios, y esperaron su oportunidad cerca del mercado Hunts Point. Pero esa misma noche, la madre de Edgar sintió la necesidad de orar fervientemente por su descarriado hijo. En el último segundo algo funcionó mal y tuvieron que cancelar los planes delictivos. Pero el caos seguía dentro de Edgar.

Edgar nunca había olvidado el dolor que su padre infligió a su familia, pero supo que cuando regresaba de alta mar, seguía maltratando a su madre. Esto llevó a Edgar al límite. Se consiguió un cuchillo de siete pulgadas con el que planeaba atravesar el corazón del padre. Para hallar el coraje que necesitaba para cometer el asesinato, Edgar se pasó la noche drogándose. Luego volvió al departamento y caminó sigilosamente hacia el cuarto donde su padre dormía. De pronto, sintió que debía encender el televisor, y las primeras palabras que escuchó fueron: «¿Por qué vas a cometer tan horrible acción? ¿No sabes que tu vida es un bien precioso? ¡Jesús te ama!». El Espíritu Santo usó aquellas palabras para llegar al corazón de Edgar. Desistió de cometer aquel horrible acto de venganza, si bien continuó rebelde y alejado de Dios.

Como resultado de su promiscuo estilo de vida, a Edgar se le diagnosticó herpes. Esto y los pacientes ruegos del Espíritu Santo lo llevaron a recapacitar. Después de varias horas de beber, terminó un día de Acción de Gracias bajo el bello puente Verrazano en el sudoeste de Brooklyn. Allí, completamente solo, lloró y volvió arrepentido a Cristo. Los años de mal comportamiento quedaron limpios por el amor de Dios que nunca se dio por vencido ante aquel hombre tan lleno de confusión y resentimiento.

Eso es paciencia. Por cierto, el Señor Jesucristo es paciente, como el apóstol Pablo nos lo revela. Pablo, que se consideraba «el peor de los pecadores», explicó que su conversión fue la oportunidad que Jesús una vez más tuvo de mostrar «su infinita bondad... [como] ejemplo para los que, creyendo en él, recibirán la vida eterna» (1 Timoteo 1:16).

Hoy Edgar está casado con una hermosa mujer llamada María, quien también ama profundamente al Señor. Tienen tres niños. El temor de Edgar de infectar a su familia con el virus nunca se materializó. Los niños están sanos y sirven al mismo Señor que respondió las oraciones que una humilde madre puertorriqueña dirigió al trono de la gracia. El niño por el que intercedió creció a tal punto que la mano del Señor está sobre él y le ha ungido para hablar, orar y guiar a otros con palabras y ejemplos.

El dramático giro en la vida de Edgar es un recordatorio vivo de que debemos ser bondadosos y compasivos unos con otros, y perdonarnos mutuamente, como Dios nos perdonó en Cristo (Efesios 4:32).

Padre Dios, te agradecemos tu paciencia y misericordia con nosotros. Te pedimos en el nombre de Jesús que nos enseñes cada día a dejar a un lado todo lo que pertenecía a nuestra vieja y pecaminosa manera de vivir. Ayúdanos también a ponernos todas las cosas que pertenecen a Cristo, su compasión, bondad, humildad, amabilidad y paciencia. Llénanos una y otra vez con tu amor, de manera que los demás puedan ver tu imagen en nuestra vida. Amén.

CUATRO

LA BISAGRA QUE ABRE LA PUERTA DEL CIELO

A veces la maquinaria más compleja y poderosa puede volverse totalmente inútil cuando le falta una pieza, se le rompe algo o tiene una mala conexión. Aun cuando su potencial permanece, una maquinaria rota no sirve para nada.

Otra manera de reflexionar en este principio es ver cómo la puerta más enorme se cierra y abre gracias a unas relativamente pequeñas bisagras. Aunque las bisagras están casi fuera de la vista y no causan ninguna impresión en comparación con el tamaño de la puerta, el que la puerta funcione correctamente depende de las bisagras. Una puerta sin bisagras no puede funcionar como puerta. En el reino espiritual hay algo que, cuando está ausente, cancela la misericordiosa acción del Espíritu Santo, y desperdicia el gran potencial de los creyentes y las congregaciones locales. Aun cuando las personas puedan estar en buena relación con el Señor, la Biblia nos muestra algunas escenas desastrosas de lo que puede ocurrir cuando las puertas pierden la bisagra espiritual.

EL DESASTRE DE LOS ISRAELITAS

Consideremos el ejemplo de los israelitas. Habían sido poderosamente liberados de la esclavitud de Egipto. Dios había levantado a Moisés como su líder, y ni Faraón ni su ejército pudieron hacer frente al poder de Jehová. Después de vagar durante 40 años por el desierto de Sinaí, Dios levantó a Josué para que guiara al pueblo. Por el poder de Dios cruzaron el río Jordán hacia la Tierra Prometida, tierra que fue bautizada así porque la promesa que Dios le dio a Abraham cientos de años antes se estaba cumpliendo (Génesis 17).

Por decreto divino, Dios cedió la tierra a los descendientes de Abraham. Instruyó a los israelitas a que sin miedo echaran a todas las naciones cananeas, porque «él mismo lucharía por Israel». Ahora bien, si las promesas y el poder de Dios estaban del lado de los israelitas, ¿cómo puede ser que leamos estas palabras poco después de la muerte de Josué: «Se enfureció contra ellos. Los vendió a los filisteos y a los amonitas, los cuales desde entonces y durante dieciocho años destrozaron y agobiaron a todos los israelitas que vivían en Galaad, un territorio amorreo, al otro lado del Jordán… Israel se encontró en una situación de extrema angustia» (Jueces 10:7-9).

¿Cómo sucedió este trágico e inconcebible cambio en la fortuna de los israelitas? ¿No eran el pueblo escogido de Dios? ¿No tenía un pacto con el Todopoderoso? ¿No adoraban los filisteos y amonitas ídolos mudos y carentes de poder? ¡Algo anduvo bien mal en todo esto!

Al indagar más profundamente, descubrimos que Dios mismo estaba detrás de todo. ¡Los entregó en manos de los amonitas! ¿Cómo pudo Dios volverse en contra de su propio pueblo? Como siempre, leemos las Escrituras para hallar la causa. «Una vez más los israelitas hicieron lo que ofende al Señor… abandonaron al Señor y no le sirvieron más, [y] él se enfureció contra ellos» (Jueces 10:6-7). Los pecados persistentes y no confesados fueron la causa de las dolorosas derrotas de los israelitas en manos de los filisteos y amonitas. Los pecados persistentes y no confesados fueron las causa que llevaron a los israelitas a estar bajo el yugo de pueblos idólatras que podrían haber sido derrotados. Los pecados persistente y no confesados en fin de cuentas fueron la causa de todo el embrollo, como lo vemos a lo largo de la Biblia. Los israelitas hicieron maldad, y el comportamiento profano del pueblo puso en cortocircuito las promesas y el poder de Dios.

Aún cuando lleguemos a entender la causa del patético problema de Israel, encontramos en este pasaje una declaración de suma importancia: «Entonces los israelitas clamaron al Señor: ¡Hemos pecado contra ti, al abandonar a nuestro Dios y adorar a los ídolos de Baal!» (Jueces 10:10).

Nuevamente clamaron: «Hemos pecado. Haz con nosotros lo que mejor te parezca, pero te rogamos que nos salves en este día. Entonces se deshicieron de los dioses extranjeros que había entre ellos y sirvieron al Señor» (Jueces 10:15-16).

Tan pronto como los Israelitas confesaron sus pecados y se arrepintieron, Dios pasó de entregarlos a las manos de sus enemigos a levantarles rápidamente un líder guerrero, Jefté, que revirtió la suerte del pueblo de Dios. «Jefté, poseído por el Espíritu del Señor… cruzó el río para luchar contra los amonitas, y el Señor los entregó en sus manos» (Jueces 11:29-32). De la derrota a la victoria, de la esclavitud al dominio, todo gira sobre un simple acto de sincera confesión de pecado.

De la derrota a la victoria, de la esclavitud al dominio, todo gira sobre un simple acto de sincera confesión de pecado.

Israel no agregó a sus inventarios más soldados ni armas sofisticadas; los israelitas simplemente confesaron sus pecados, y Dios se pasó al lado de ellos. No necesitaban nuevas promesas. No necesitaban nuevas profecías. Solo necesitaban ponerse a bien con Dios confesando sus faltas desde lo más profundo del corazón. «Hemos pecado». Mientras no dieron ese paso, la mano de Dios tuvo que oponerse a su propio pueblo. Si no, los hubiera estado alentando a continuar en los perversos caminos que conducen a toda la miseria que conoce el hombre.

DIOS ABORRECE EL PECADO

Sé que hablar del pecado no es algo que cae muy bien en estos días en que todo tiende a ser superficial y fácil de usar, pero lo haremos de todas maneras. *Dios aborrece el pecado*. Este es el mejor lugar de comenzar porque es una verdad fundamental en cuanto a cualquier pecado. La naturaleza santa de Dios detesta toda clase de pecado. El pecado lo entristece y enoja, como lo vemos en la Biblia. El pecado, y nada mas, es lo que separa al hombre de Dios. Por eso fue que Cristo derramó su sangre, soportó la cruz y su vergüenza, y pasó por la agonía de ser el inmolado Cordero de Dios. Todo lo hizo por resolver la cuestión de la fea realidad del pecado en nuestra vida.

Al final, Dios aniquilará el pecado. No puede ceder en esto porque afecta la esencia de su santa naturaleza. A través de Jesús, Dios hizo posible quitar la culpa del pecado. A través de la presencia del Espíritu Santo en nosotros, proporcionó un antídoto contra el poder del pecado sobre nosotros. Pero siempre recordemos que al final Dios destruirá el pecado en el universo, para que la paz y la justicia reinen eternamente.

Es obvio, pues, que lo primero que tenemos que hacer diariamente como cristianos es arreglar el asunto del pecado. Diariamente, hora tras hora, momento a momento, debemos por la gracia de Dios presentar todos nuestros pecados al Señor en sincera y contrita confesión. La confesión del pecado es de suma importancia para una persona y una iglesia que quiere vivir continuamente bajo la bendición de los cielos. Una vez que el pecado no confesado comienza a enconarse en nuestro corazón, son absolutamente indescriptibles los tristes capítulos que se escribirán aun cuando decimos ser el pueblo de Dios.

Nuestra necesidad de confesar el pecado expone la falacia de la «confesión positiva» (la enseñanza de que uno puede recibir de Dios lo que uno exprese) o la recitación de ciertas oraciones como si fueran un mantra mágico para alcanzar el éxito. Si hay pecado no confesado y obstrucción espiritual bajo la superficie, podremos recitar la Biblia todo el día y demandar cada promesa de la Biblia, que Dios estará atado por sus propias palabras y no responderá. El Salmo 66:18 declara: «Si en mi corazón hubiera yo abrigado maldad, el Señor no me habría escuchado». Esta verdad hace resaltar no solo el desagradable efecto del pecado, sino también el increíble poder de una sincera confesión pecados a un amante Salvador.

Confesar nuestros pecados nos lleva al gozo y a la paz espiritual más grande que podemos experimentar como seres humanos. El salmista David, que era un experto en estos temas, lo describió de esta manera:

Dichoso aquel a quien se le perdonan sus
    transgresiones,
a quien se le borran sus pecados.
Dichoso aquel a quien el Señor no toma en
    cuenta su maldad
y en cuyo espíritu no hay engaño
    (Salmo 32:1-2).

Notemos que David no dice «dichoso el hombre y la mujer que nunca han pecado», porque eso dejaría sin posibilidad de bendición a todo aquel que haya vivido.

Confesar nuestros pecados nos lleva al gozo y a la paz espiritual más grande que podemos experimentar como seres humanos.

David continúa y nos cuenta su experiencia con el pecado: «Mientras guardé *silencio*, mis huesos se fueron consumiendo por mi gemir de todo el día. Mi fuerza se fue debilitando como al calor del verano, porque día y noche tu mano pesaba sobre mí» (v. 3-4). Este ungido siervo del Señor estaba atravesando un tiempo muy difícil dado el desagrado y la inexorable presión de Dios contra su desobediencia. No estamos seguros a qué circunstancias David se refería, pero sabemos que Dios mantuvo su pesada mano contra él mientras permaneció en silencio e inconfeso acerca de su pecado. En vez de la paz y el gozo de los que tantas veces había cantando en los Salmos, sentía una horrible, seca y chamuscada condición en su alma.

Al seguir leyendo vemos un cambio repentino en la patética situación de David: «Pero te confesé mi pecado, y no te oculté mi maldad. Me dije: *"Voy a confesar mis transgresiones al Señor"*, y tú perdonaste mi maldad y mi pecado» (Salmo 32:5). Es como si David dijera: «¿Por qué sigo viviendo bajo el enojo del Señor? No podré deshacer mi pecado, pero puedo confesarlo al Dios de mi salvación». En el mismo instante en que hizo una sincera confesión, encontró abundante misericordia y perdón.

La experiencia de David y la de los israelitas en el libro de Jueces son dos ejemplos del increíble poder y privilegio que tenemos como hijos de Dios. En todo momento podemos confesar nuestros pecados sabiendo que Dios nos perdonará y alejará las nubes negras que se ciernen sobre nuestro espíritu.

El gran peligro es tratar de tapar el pecado, restarle seriedad al mismo o justificar nuestra conducta atribuyéndola a circunstancias «especiales». Debemos evitar también tratar en forma selectiva nuestro pecado confesando algunos actos de desobediencia mientras conservamos otras actitudes y hábitos que nos gustan mucho. Satanás usa cada una de esas inclinaciones naturales para mantenernos fuera de la gracia de Dios. Una abierta y completa confesión del pecado lo lleva al único lugar donde puede ir: a Dios, que puede perdonar y quitar nuestro pecado.

CONFESIÓN VERDADERA

Hacer una confesión verdadera es *decir del pecado lo mismo que dice Dios*. Una confesión verdadera implica humillarnos y *coincidir con Él* en cuanto a la verdadera naturaleza de nuestra pecaminosidad. Vivir bajo las bendiciones celestiales es correr continuamente hacia Dios con nuestra culpa y no alejarnos de Él (como si tratáramos de ocultarnos de Él). Al renunciar a nuestro pecado y apartarnos de él, lo hacemos con la completa seguridad de que Dios obrará de acuerdo a su Palabra. Nos perdonará gratuitamente. Nos quitará toda mancha de pecado. Nos ayudará por su gran amor.

Pero seamos cuidadosos en nuestra manera de lidiar a conciencia con el pecado, porque Dios nunca cambiará su santa oposición al mismo. Uno tiende a excusarse de los «pequeños pecados», pero al hacerlo nos estamos engañando. ¿Por qué perder lo mejor de Dios y deshonrarle permitiendo que las zorras pequeñas echen a perder las viñas? Pidamos su ayuda para confesar toda clase de desobediencia, por inocente que pueda parecer.

Recordemos la eterna promesa de Dios en 1 Juan 1:9: «Si confesamos nuestros pecados, Dios, que es fiel y justo, nos los perdonará y nos limpiará de toda maldad». El problema no radica en la habilidad ni en el deseo de Dios de perdonar y purificar, sino en la palabra *si*. Debemos confesar nuestra concordancia con el concepto que tiene Dios de nuestro pecado y abandonar el pecado como algo que no queremos tener cerca jamás.

Si no lidiamos cuidadosamente con el pecado, nuestra vida y nuestras iglesias se volverán vacías y muertas. Podemos seguir guardando los rituales externos del cristianismo, pero seremos como extraños al poder y las bendiciones que Dios ha prometido. Cuando la confesión del pecado se toma en su verdadero valor y la practica un pueblo humilde y contrito, la gracia de Dios en todo su frescor se cierne siempre sobre nosotros.

En décadas recientes muchos creyentes han redescubierto ciertas verdades bíblicas. Sobre la Segunda Venida de Jesucristo se ha predicado y se ha escrito más durante los últimos cien años que durante todos los siglos precedentes. La importancia de la adoración entre los cristianos ha recibido también un nuevo énfasis. Los coros de alabanza y las grabaciones abundan en todo el mundo. Estas verdades son muy importantes, pero no pueden compararse con lo que Dios puede hacer y hará cuando reintegremos la confesión de pecado al lugar de vital importancia que debe tener entre nosotros.

La confesión sincera de pecado refuerza y hace más genuinas las otras cosas que podemos hacer como cristianos. ¿Cuán profundas pueden ser nuestra alabanza y adoración si las personas que levantan las manos y cantan han hecho un trato con el pecado? ¿Y qué beneficio producen todos los libros y sermones grabados si nunca llegan a lo fundamental del problema: la realidad de nuestros pecados a los ojos de un Dios santo? Dios enfrentó muchas veces el problema del pecado no confesado de su pueblo. Gran parte del libro de Oseas trata de la triste condición de Israel cuando el pueblo no quería abandonar sus pecados, sin importarles lo que Dios les dijera o hiciera con ellos. El Señor amaba profundamente a su pueblo y lo expresaba a menudo y les pedía que se volvieran a Él. Inclusive los amenazaba con medidas severas, y les decía que se volvería «como león para Efraín [Israel], y como cachorro de león a la casa de Judá... Yo mismo me llevaré la presa, y no habrá quién me la arrebate» (Oseas 5:14-15). Qué terribles consecuencias para el pueblo de Israel: como parte de una estrategia divina, la bendita y especial presencia de Jehová se apartaría de ellos.

¿Cuál era la estrategia? ¿Cuál era el propósito de estos fuertes y correctivos pasos a tomar contra los suyos? «Volveré luego a mi morada, hasta que reconozcan su culpa. Buscarán ganarse mi favor; angustiados, me buscarán con ansias» (v. 15). La intención era lograr que los israelitas reconocieran y confesaran sus pecados. El vacío que Dios quería producirles por medio de su «partida» era para que enfrentaran sus pecados. Una vez que reconocieran su culpabilidad, se abriría un nuevo canal de comunión y bendiciones de Dios.

No lo olvide: este proceso de disciplina era contra el pueblo que Dios había escogido. El Señor no era un «león» que despedazaba a las naciones de Moab o Egipto. Era un «león» frente a sus hijos descarriados que necesitaban confesar sus pecados. Y así sigue siendo hasta nuestros días.

Como Pedro escribiera en el Nuevo Testamento, «es tiempo de que el juicio comience por la familia de Dios» (1 Pedro 4:17). ¡Por supuesto que debe comenzar por la familia de Dios! ¿Cómo van a sentir convicción de pecado y volverse a Cristo los incrédulos si las personas que predican el evangelio bregan ligeramente con su propio pecado? Aun más, ¿cómo podrá el Espíritu Santo llevar a cabo su tarea a través de una iglesia que permite cosas blasfemas en la vida de su congregación?

La iglesia que Dios bendice debe mantener una vigilancia santa contra la naturaleza cancerosa del pecado. Los sermones y las exhortaciones no pueden omitir esta importante verdad sólo por evitar que se sientan incomodas ciertas personas. Debemos recordar las cosas hermosas que suceden cuando el pecado se saca a la luz y y se confiesa.

Consideremos lo que sucedió en Éfeso hace cerca de dos mil años cuando «muchos de los que habían creído llegaban y confesaban públicamente sus prácticas malvadas. Un buen número de los que practicaban la hechicería juntaron sus libros en un montón y los quemaron delante de todos» (Hechos 19:18-19) ¿Fue esta fogata innecesaria, un toque melodramático, o tuvo un importante propósito? La Biblia establece una clara conexión entre tan radical manera de lidiar con el pecado y los resultados espirituales que siguieron. «Así la palabra del Señor crecía y se difundía con poder arrollador» (v. 20). Cuando la confesión y la cautela en cuanto al pecado prevalecen en la iglesia, Dios mantendrá con vigor el crecimiento del evangelio de Jesucristo.

Lo peor que puede suceder a nuestras iglesias es «crecer» pero con miembros que no tienen ningún deseo de librarse del poder del pecado.

Lo peor que puede suceder a nuestras iglesias es «crecer» pero con miembros que no tienen ningún deseo de librarse del poder del pecado. Eso daría cumplimiento a la profecía del Nuevo Testamento en cuanto a que «en los últimos días vendrán tiempos difíciles... Aparentarán ser piadosos, pero su conducta desmentirá el poder de la piedad» (2 Timoteo 3:1,5).

Todos sabemos cuán fácilmente puede suceder esto en nuestra vida e iglesia. Podemos asistir con asiduidad a las reuniones y aun leer la Biblia con regularidad sin llegar a la raíz del problema que Dios está señalando. Un incidente en mi vida sirve como advertencia de cuán importante es enfrentar el pecado por insignificante que pueda parecer.

BISTEC Y PAPA ASADA

Carol y yo teníamos solo unos meses de casados y trabajábamos en la ciudad de Nueva York. Lo menos que nos pasaba por la mente era que un día íbamos a ser pastores de una iglesia. Éramos una pareja de recién casados típica que vivía en un pequeño departamento de Brooklyn.

Hay muchos ajustes que uno tiene que hacer cuando está recién casado, y yo no tenía suficiente madurez para hacerlos. Un día después de volver juntos del trabajo, Carol fue buena conmigo y me cocinó uno de mis platos preferidos: bistec, papas y vegetales. El único problema era que me gustaba la carne poco cocida y lo que me sirvió parecía una suela de zapato bien cocido. Esto me molestó porque Carol *sabía* cómo me gustaba que estuviera la carne. En mi inmadurez le hice una observación poco feliz. Ella había tenido un día muy largo en la oficina y no estaba con humor para soportar mi falta de reconocimiento de sus habilidades culinarias, de manera que me contestó de una manera poco agradable. Esto me provocó a decir algunas palabras nada amables, lo que resultó en una clásica pelea de recién casados. La comida se arruinó. (¡Mi preciosa carne fue a la basura!). Y la atmósfera dejó de ser de amor y besos.

Yo estaba resuelto a quedarme con la última palabra y ¡esta sería la correcta! Dije que me iba al culto de mitad de semana de la iglesia y agregué que un pedazo medio quemado de carne no iba a alejarme de mi devoción por Cristo. Claro, me fui solo. Y me estuve justificando durante todo el trayecto hasta la puerta de la iglesia. Escuché lo mejor que pude el sermón, pero luego el pastor llamó a los pocos miembros presentes al altar para la acostumbrada oración. Allí fue cuando el dilema se presentó en mi cabeza.

Me arrodillé y permanecí en silencio por un rato. Decir que el cielo encima de mí parecía totalmente cerrado sería una expresión exageradamente moderada. En vez de tener fe y dejar mis necesidades delante de Dios, lo único que sentía era la dureza de mi corazón y culpabilidad por mis pecados. Casi de inmediato sentí que Dios me decía bien dentro de mí: «Levántate, ve a tu casa, dile que estabas equivocado y pídele perdón». Eso no era lo que tenía en mente cuando iba hacia la iglesia. ¿No entendía Dios la extrema crueldad de un pedazo de carne quemada? ¿Era el Espíritu Santo el que me hablaba, o un falso espíritu del infierno? ¿Cómo podía alguien que me amaba pedirme que hiciera algo tan difícil como decir: «Me equivoqué» y «Me arrepiento»… y todo en la misma noche?

Traté de ignorar lo mejor que pude lo que sentía que Dios me estaba diciendo. Traté de orar, pero me sentía como acorralado. El que yo esperaba que me ayudara tenía una controversia conmigo, ¡y no iba a aflojar! Lo único que escuchaba cuando me arrodillaba en el altar era: «¡Levántate, vete a tu casa, dile que estabas equivocado y pídele perdón!» Finalmente dejé de fingir que oraba y regresé a casa como se me había indicado.

Mientras manejaba a casa, seguía discutiendo lo injusto del caso. Estaba dispuesto a hacer un montón de cosas para el Señor, pero él estaba siendo poco razonable. Hubiera puesto todo mi dinero en la bolsa de la ofrenda. Hubiera visitado a los enfermos y a los presos. Pero confesarle mi pecado a mi esposa y luego pedirle perdón era demasiado para un simple mortal como yo. Mi alma orgullosa y sensible no podía aceptar que tuviera que ser yo el que se arrastrara.

Me calmé un poco mientras caminaba desde el estacionamiento a mi casa, y el corazón comenzó a enternecérseme mientras subía las escaleras hasta la puerta. En cuanto la abrí y camine por el corredor, empecé a llorar. Antes de que pudiera llamar a Carol, ella ya estaba acercándose a mí. Al estirar el brazo para abrazarla, me enjugué las lagrimas lo mejor que pude: «Perdóname, hice muy mal al hablarte de esa forma. Perdóname, perdóname». Carol, quebrantada también, me pidió perdón por la forma en que me había respondido. (Ella no necesitaba decir eso porque yo sabía que yo era el culpable.)

Si alguien nos hubiera visto abrazados en ese pequeño pasillo no hubiera comprendido la profundidad de lo que estaba sucediendo. Al confesar en voz alta mi falta y mi pecado a mi esposa y a Dios, la bendición de Dios se derramó sobre mí como un río de agua fresca en el desierto. Sentí gozo y paz a la vez mientras mis lagrimas se convertían en un lenguaje que Dios comprendía, porque era a Él y no sólo a Carol a quien yo le hablaba. Puedo decirles por propia experiencia que fueron ciertas las palabras del salmista que escribió:

Pero te confesé mi pecado,
y no te oculté mi maldad.
Me dije: «Voy a confesar mis transgresiones
    al Señor»,
y tú perdonaste mi maldad
y mi pecado.
Por eso los fieles te invocan en momentos de
    angustia;
caudalosas aguas podrán desbordarse,
pero a ellos no los alcanzarán (Salmo 32:5-6).

FRESCAS BENDICIONES

Estas contundentes verdades se aplican a todos los creyentes y a cada congregación cristiana. Cuando confesamos sinceramente nuestros pecados, despejamos el camino para que vengan sobre nosotros frescas bendiciones del Señor. Es posible que ahora mismo esté sentado en las sombras en vez de estar a la luz del favor de Dios. Lo único que puede mantenerlo allí es el pecado no confesado. ¿Por qué vivir un minuto más en esa condición, cuando un amoroso y misericordioso Dios lo está llamando a tener comunión con él? No lo deje para otro momento. Utilice la oración en que David implora misericordia como una ayuda mientras se acerca al trono de gracia.

Ten compasión de mí, oh Dios, conforme a tu gran amor;
conforme a tu inmensa bondad, borra mis transgresiones.
Yo reconozco mis transgresiones; siempre tengo presente mi pecado...
Lávame de toda mi maldad y límpiame de mi pecado...
Aparta tu rostro de mis pecados y borra toda mi maldad...
Devuélveme la alegría de tu salvación; que un espíritu obediente me sostenga...
Así enseñaré a los transgresores tus caminos, y los pecadores se volverán a ti (Salmo 51: 1-3,9,12-13).

CINCO

PROBLEMAS DEL CORAZÓN

Mientras escribía este libro recibimos la visita de Mel, tío de mi esposa, y su esposa Phyllis, procedentes de Portland, Oregon. Mel Arn creció en una granja en Wisconsin y se convirtió siendo muy joven. Su celo por el Señor y las cosas espirituales, especialmente la oración, nunca decayeron y eran aún evidentes durante su estadía en nuestra casa. Tenía ochenta años, estaba lleno de vigor físico, y hacía ejercicios diariamente para mantenerse en forma.

Ayer, antes de comenzar a escribir este capítulo recibimos una llamada telefónica en la que se nos dijo que Mel había partido para estar con el Señor.

Había regresado a su casa de un viaje por el este del país y estaba emocionado y agradecido de haber visitado viejos amigos y miembros de la familia. Luego se fue a dormir y durante la noche lo llamaron a la presencia del Señor. Un viejo soldado lleno de oración y devoción a Cristo tomó posesión de su eterna recompensa. Mientras dormía esa noche su corazón simplemente dejó de latir. No importa cuán saludable esté uno para su edad ni cuántos suplementos vitamínicos ingiera, cuando el corazón deja de latir, la vida termina.

Aun cuando los problemas de corazón cobran muchas víctimas cada año a lo largo del país, hay otra clase de problemas de corazón que me gustaría considerar. El corazón es de gran importancia en el sentido *espiritual*. La iglesia, y especialmente el púlpito que Dios bendice, debe tener una sola clase de *corazón*. Creo que el tema del corazón es el más descuidado aspecto de nuestra sincera búsqueda de claves para vivir con éxito para Jesucristo.

Siempre que pensamos en el ministerio de un pastor, maestro o evangelista, nuestra mente gira hacia el ejemplo del apóstol Pablo. Siempre que analizamos la formación de una iglesia cristiana efectiva, nuestros pensamientos de nuevo se vuelven al apóstol Pablo, el «maestro constructor» (1 Corintios 3:10), quien por la gracia de Dios echó el único y verdadero fundamento para edificar con sabiduría. Nadie en la Biblia tuvo tanta visión de las bendiciones de Dios sobre el ministerio y la iglesia como el apóstol Pablo. Esto se ve en el hecho de que su vida después de convertido domina el libro de los Hechos, y la mayoría de las epístolas (cartas) del Nuevo Testamento las escribió él. Nadie tuvo una visión más profunda del evangelio y el misterio de la divina gracia que este hombre, que pasó de ser un judío fanático que perseguía a los creyentes a ser el más grande embajador de Jesús que el mundo jamás ha visto. De manera que si queremos que el poder de Dios obre más a través nuestro debemos estudiar cuidadosamente la vida y el ministerio de este gran cristiano.

Por causa de su gran impacto, se han escrito más libros sobre el apóstol Pablo que sobre cualquier otro personaje de la Biblia, aparte de Jesucristo. En esos libros, frecuentemente se analizan dos aspectos muy importantes del fenomenal ministerio de Pablo: su mensaje y su método.

EL MENSAJE DE PABLO

El mensaje que Pablo predicaba es esencial para comprenderlo a él. Su enfoque principal siempre fue el evangelio o buenas nuevas acerca de Jesucristo. De hecho, para Pablo su llamado como apóstol era estar centrado en «proclamar el evangelio de Dios» (Romanos 15:16). Pablo, a diferencia de Moisés, no era solo un predicador de la ley de Dios. Seguramente hablaba de los mandamientos en sus mensajes, pero sólo para preparar a su audiencia para el mensaje de Cristo. También proclamaba la promesa de salvación y una nueva vida a través de Jesucristo. No se avergonzaba del evangelio, «pues es poder de Dios para la salvación de todos los que creen» (Romanos 1:16).

Pablo no pedía a sus oyentes que prometieran ser mejores, ni que se propusieran empezar una nueva vida. Esto nunca hubiera producido la liberación del poder del Espíritu Santo, porque los votos eran característicos de la ley de Moisés, no del evangelio de Jesucristo. El apóstol comprendió como pocos la verdad de que «la ley fue dada por medio de Moisés, mientras que la gracia y la verdad nos han llegado por medio de Jesucristo»

(Juan 1:17). La iglesia que Dios bendice es la *iglesia de Jesús,* una iglesia que reconoce que Jesucristo es la única respuesta a las necesidades del corazón humano. La iglesia de Jesús es un lugar donde se proclaman las buenas nuevas de salvación, no sólo la ley de Dios que puede convencer de pecado pero no hace nada en cuanto a sacar a un alma de la desesperación. Es una congregación que está entusiasmada con el Señor Jesús y ofrece pruebas del poder dinámico que se experimenta cuando la gente se arrepiente de sus pecados y pone su fe en Cristo. Este fue el mensaje del apóstol Pablo.

EL MÉTODO DE PABLO

El método de Pablo se revela en sus movimientos y ministerio según nos lo relatan el libro de los Hechos y sus cartas. Lo extraño es que Pablo sabía muy poco sobre *metodología* en el sentido en que hoy usamos el término. El apóstol era un hombre guiado por el Espíritu de principio a fin. Dependía de la dirección del Espíritu Santo en lo que estaba haciendo y en lo que debía hacer después, y no encontramos ni una sola fórmula para el crecimiento de la iglesia en su vida. Su ministerio se caracterizaba más por la unción divina que tenía que por una inteligente metodología.

Lo que hizo por Pablo, lo hará por nosotros si le rendimos nuestro corazón y aprendemos a escucharlo.

Aún los planes de Pablo para evangelizar en ciertas regiones estaban sujetos a la intervención del Espíritu Santo. «Atravesaron la región de Frigia y Galacia, ya que el Espíritu Santo les había impedido que predicaran la palabra en la provincia de Asia» (Hechos 16:6). Este es uno de los más hermosos secretos de una iglesia y ministerio que Dios bendice. La gente de una iglesia y ministerio así sabe que el deseo de Dios de guiar a su pueblo por el Espíritu no ha cambiado, y procura mantenerse sensible a su voz. ¿De qué otra manera cumplirá el pueblo de Dios la voluntad del Señor si no se guía por el Espíritu Santo? ¿Quién desea seguir mecánicamente tradiciones de iglesia muertas o formulas humanas cuando Dios puede tomarnos de la mano y guiarnos?

Ser guiados por el Espíritu no era algo inusual en la experiencia de Pablo, como vemos en el siguiente versículo: «Cuando llegaron cerca de Misia, intentaron pasara a Bitinia, pero el Espíritu de Jesús no se lo permitió» (v. 7). Pablo no estaba planeando pasar unas vacaciones en Bitinia. Planeaba predicar el evangelio en una provincia que necesitaba escucharlo. Aun así, el Espíritu de Jesús tenía otros planes para el apóstol, y este obedeció como lo hace un niño.

¡Cómo necesitamos seguir el ejemplo de dulce sumisión de Pablo a las sugerencias del Espíritu Santo! Algunos podrán llamar fanatismo o emocionalismo a esta devoción, pero las personas que Dios bendice creen lo que la Biblia dice. Creen que el Espíritu Santo no ha cambiado ni una jota en dos mil años. Lo que hizo por Pablo, lo hará por nosotros si le rendimos nuestro corazón y aprendemos a escucharlo.

LA MOTIVACIÓN DE PABLO

Por importantes que el mensaje y los métodos de

Pablo hayan sido para su éxito espiritual, hay una pieza más en este rompecabezas. Estoy convencido de que la motivación de Pablo (o su sentir) es uno de los más olvidados y poco enseñados aspectos de su ministerio a las personas. ¿Acaso no hay muchas iglesias hoy día proclaman el evangelio de Cristo desde el púlpito, y sin embargo producen un pequeño o ningún impacto en sus comunidades? Sus doctrinas y mensajes son bíblicos, pero los resultados son magros comparados con el modelo apostólico. ¿No es cierto que hay muchas congregaciones que confiesan creer en el ministerio presente del Espíritu Santo? Sin embargo, y aún cuando esta creencia es parte de la declaración doctrinal, no vemos la clase de predicación del evangelio que llega al corazón de los oyentes y trae multitudes al Reino de Dios. Esto nos lleva al meollo de la cuestión, que por cierto era el sentir de Pablo. Lea con atención cuando Pablo repasa su estilo ministerial y motivación al escribir a la iglesia de Tesalónica:

> Al contrario, hablamos como hombres a quienes Dios aprobó y les confió el evangelio: no tratamos de agradar a la gente sino a Dios, que examina nuestro corazón. Como

saben, nunca hemos recurrido a las adulaciones ni a las excusas para obtener dinero; Dios es testigo. Tampoco hemos buscado honores de nadie; ni de ustedes ni de otros (1 Tesalonicenses 2: 4-6).

Pablo tomó muy seriamente su llamado a predicar el evangelio. Era una tarea sagrada, llevada a cabo con un profundo deseo de tener la aprobación de Dios. Ese anhelo de la aprobación de Dios es una constante en el ministerio que Dios bendice. No hay lugar en la obra de Dios para las personas que impresionan con buena oratoria o que usan lisonjas para ganar su favor.

El apóstol no buscaba dinero y no tenía motivos secretos para esquilar el rebaño. No estaba interesado en vender libros, ni en volverse famoso ni en recibir reconocimiento de las personas a las que hablaba ni de nadie. Entonces, ¿cuál era su motivación al trabajar entre ellos?

Aunque como apóstoles de Cristo hubiéramos podido ser exigentes con ustedes, los tratamos con delicadeza. Como una madre que amamanta y cuida a sus hijos, así nosotros, por el cariño que les tenemos, nos deleitamos en compartir con ustedes no sólo el evangelio de Dios, sino también nuestra vida; ¡Tanto llegamos a quererlos! (1 Tesalonicenses 2:7-8).

¡Qué descripción tan radical de un ministro presentan estas palabras a nuestra mentalidad moderna! El apóstol recuerda a sus lectores el apasionado amor con que trabajó entre ellos. Fue «tierno... como una madre que cuida sus hijos». El cuadro que nos presenta el original griego es el de una madre que se lleva a su bebé al pecho para alimentarlo. El apóstol declara que no estaba dispuesto solamente a darles el evangelio sino su propia vida también. Por eso se describe como una madre que ama mucho a sus hijos, para la que ningún sacrificio es demasiado si trae bendiciones a sus vástagos.

Esta fue la motivación de Pablo al predicar y trabajar en la iglesia de Tesalónica. Por algo sus sermones atrapaban y alcanzaban el corazón de la gente. Sus mensajes no brotaban solamente de un intelecto educado, sino del amor ferviente que ardía en su alma. No sorprende entonces que no se preocupara por el dinero ni por los aplausos. Se preocupaba de ellos y de su bienestar, como siempre sucede cuando una madre cuida a sus hijos.

Cuando Dios bendice el púlpito y la iglesia, el corazón del pastor y la congregación deben estar en buenas condiciones. El egoísmo y la religión cómoda deben ser reemplazados por el mismo amor abnegado que Dios le dio a Pablo. ¿Cómo podemos predicar con poder el mensaje de Cristo sin la inspiración del tierno espíritu de Cristo? Si estoy escribiendo este libro para que me conozcan o para obtener beneficios financieros, estoy prostituyendo el sagrado llamado al ministerio. (Ay de mí, cuando al final tenga que comparecer ante a Dios.)

¿No es tener un corazón recto la necesidad más importante de la iglesia de hoy? Demasiadas personas que están en el ministerio se dejan guiar por sus deseos de fama y fortuna, pero ¿cuántos están dispuestos a dar la vida por las personas a las que ministran? ¿No es esta falta de fervor la razón de que mucho de nuestro trabajo, sermones y actividades producen tan pocas conversiones de las tinieblas a la luz? El mensaje puede ser bíblicamente correcto, pero el espíritu del mensaje quizás no ha cautivado nuestra alma, y por eso tiene poco impacto en los demás.

Pablo sigue revelando las interioridades de su corazón: «Nosotros, hermanos, luego de estar separados de ustedes por algún tiempo, en lo físico pero no en lo espiritual, con ferviente anhelo hicimos todo lo humanamente posible por ir a verlos... [¡Esto suena más como una ferviente carta de amor que una carta escrita por un ministro a una congregación!] Porque, ¿cuál es nuestra esperanza, alegría o motivo de orgullo delante de nuestro Señor Jesús para cuando él venga? ¿Quién más sino ustedes? Sí, ustedes son nuestro orgullo y alegría» (1 Tesalonicenses 2:17,19).

Este lenguaje es extraño a nuestros oídos pero es a la vez muy renovador. El apóstol amaba tanto a los de Tesalónica que alejarse de ellos significó una gran tensión para sus emociones. Tenía el ferviente anhelo de volver a verlos.

¿Por qué apreciaba tanto a aquella nueva congregación y pensaba en ellos constantemente? Porque ellos eran su gran esperanza, gozo y corona para cuando Jesucristo regresara a la tierra. Aquellos creyentes eran los trofeos de gracia que presentaría a Dios en el inevitable día del juicio y la recompensa. Aun cuando Pablo tuvo una visión del Cristo resucitado y escribió la mayor parte del

Nuevo Testamento, su «gloria y gozo» eran aquellas personas comunes que se habían convertido durante su ministerio. Estaba mucho más entusiasmado con ellos de lo que podía estar con cualquier posesión material o logro personal.

TROFEOS DE LA GRACIA DE DIOS

Recientemente mi libro *Fuego vivo, viento fresco* fue nominado como Libro del Año por la Asociación de Editoriales Cristianas Evangélicas (ECPA, por sus siglas en inglés). Cuando Cristo vuelva, ¿seré tan tonto como para enarbolar delante de Él esto como algo importante a la luz de la eternidad? ¡Después de todo, él fue el que escribió la Biblia! ¿Va mi esposa Carol a levantar uno de los premios Grammy que ha recibido? No, nuestro gran gozo y corona en ese día sólo pueden ser las personas que hayamos guiado a entrar al Reino, y a las que hayamos alentado a seguir a Cristo. Todos los edificios de nuestras iglesias, nuestros espléndidos santuarios con sus suntuosas alfombras arderán en un instante. Nada sino los trofeos de «carne y hueso» de la gracia de Dios brillarán por la eternidad.

La iglesia que Dios bendice mantiene la atención en esto: las personas por las que Cristo murió y su progreso en la fe. Por eso Pablo realizó tremendos sacrificios y corrió grandes riesgos. Esta era la causa por la que estaba perdidamente enamorado del pueblo de Dios. Las predicaciones mecánicas y los conceptos empresariales nunca pasaron por su mente al edificar la iglesia de Cristo. Los hombres, mujeres, niños y niñas que habían puesto su fe en Jesús serían su gran gozo, esperanza y corona en el día de Jesucristo.

Pero aun hay más en cuanto a esta pasión que el Espíritu Santo puso a latir en el pecho del apóstol. Pablo envió a Timoteo a Tesalónica para tener noticias del estado espiritual de los creyentes que tanto amaba. Lo envió a fortalecerlos y alentarlos en la fe porque sabía las pruebas que inevitablemente debían enfrentar como cristianos. «Ahora Timoteo acaba de volver de Tesalónica», escribió Pablo, «con buenas noticias de la fe y el amor de ustedes» (1 Tesalonicenses 3:6). El joven Timoteo le informó al apóstol que los creyentes de Tesalónica permanecían firmes en Cristo. La reacción de Pablo a esas excelentes noticias produjo uno de los pasajes más bellos de todo el Nuevo testamento: «Por eso, hermanos, en medio de toda nuestras angustias y sufrimientos ustedes nos han dado ánimo por su fe. ¡Ahora sí que vivimos al saber que están firmes en el Señor» (vv. 7-8).

¡Este es el corazón que Dios bendice! Pablo puede soportar toda clase de desgracias y persecuciones personales con gozo siempre que su amado rebaño permanezca firme en el Señor. ¿Qué importancia tiene lo que tuviera que atravesar si ellos están sanos y fuertes en la fe?

Posiblemente el engaño espiritual más grande en que podamos caer es pensar que amamos de veras al Señor mientras nos interesan muy poco las demás personas.

Esa motivación en el ministerio fue lo que hizo a Pablo incomparable. Sí, su mensaje del evangelio y sus métodos inspirados por el Espíritu eran factores críticos, pero su corazón era como el del Señor. El amor de Pablo por Dios era real porque se expresaba en una vida vivida con pasión por los demás. Posiblemente el engaño espiritual más grande en que podamos caer es pensar que amamos al Señor cuando nos interesan muy poco las demás personas. El que conozcamos las verdades bíblicas y tengamos interés en la obra del Espíritu Santo no significa nada si al final no podemos decir: «Ahora vivo al saber que estás firme en el Señor».

La falta de motivación para sacrificarse por los demás es lo que impide que el Señor use grandemente a los ministerios e iglesias. Las verdades bíblicas se graban en la mente, las emociones ocasionalmente se agitan con las cosas de Dios, pero esto nunca penetrará lo suficiente para transformar nuestra razón de vivir. Sólo el poder del Espíritu Santo puede salvarnos de la terrible condición de tener un estilo de vida egocéntrico y cómodo mientras cantamos himnos al Cristo que entregó su vida en el Calvario. Aparte de los daños —serios daños— que puede causar a nuestra propia vida, una religión como la antes descrita no es más que una farsa. La prueba definitiva de nuestro crecimiento espiritual es el amor, y amar siempre significa vivir para los demás.

Esta clase de ministerio propio de Cristo era tan raro que ni siquiera Pablo pudo producir muchos obreros con la misma mentalidad. El problema es que uno no puede enseñar ni impartir esta clase de interés apasionado, porque algo así es el resultado directo de la obra profunda del Espíritu Santo en el alma de una persona. Notemos los reveladores comentarios que Pablo hace en Filipenses 2:19-21 acerca de los obreros y predicadores que viajaban con él: «Espero en el Señor Jesús enviarles pronto a Timoteo, para que también yo cobre ánimo al recibir noticias de ustedes. No tengo a nadie más que, como él, se preocupe de veras por el bienestar de ustedes, pues todos los demás buscan sus propios intereses y no los de Jesucristo».

Pablo amaba mucho también a la iglesia de Filipos, y sólo confiaba en Timoteo a la hora de enviar a alguien a alentarlos y fortalecerlos. Cuando Pablo dice que «todos los demás buscan sus propios intereses», no se refería a los paganos incrédulos sino a los de su propio equipo ministerial. Fácilmente podía reclutar obreros y predicadores de cierta clase, pero solo en Timoteo halló un espíritu afín que sinceramente se interesara por ellos.

Aun puedo recordar vívidamente cuán pasmado quedé en mis primeros años de pastorado ante las actitudes egotistas y materialistas de algunos ministros. La oportunidad de predicar ante una gran audiencia, junto con la garantía de una ofrenda de amor u honorario, era lo único que les importaba. Dedicar tiempo a orar con la gente u ofrecerles una palabra personal de aliento no les interesaba. Eran actores más que ministros en el molde apostólico. Aun hay muchos de esta clase en nuestros días. Oremos que el Señor levante pastores, congregaciones, escuelas dominicales y coros que estén motivados por el mismo amor que tenía el apóstol Pablo. El Espíritu Santo aún puede llenarnos de esta clase de amor divino para que ningún sacrificio nos parezca demasiado mientras predicamos el evangelio a aquellos por los que Jesucristo murió. J.W. Tucker tenía un corazón así.

UN CORAZÓN ESPECIAL

En 1928, en el cierre de una reunión evangélica en Russellville, Arkansas, un niño de 13 años llamado J.W. (Jay) Tucker rindió su vida a Cristo. Era muy sincero en su devoción al Señor y creció siendo un ejemplo a otros. A la edad de veinte años, ingresó a la escuela bíblica en Oklahoma y, estando ahí, sintió un claro llamado de Dios a ir de misionero a África.

Las palabras resonaban claras y verdaderas en su corazón: «¿Estás dispuesto a ir de misionero a África?» Y el delgado joven de tierno corazón respondió: «Estoy dispuesto, Señor».

Un amigo planeaba ir al África Occidental después de la graduación, pero Jay sentía que el Señor lo llamaba al Congo. Como las puertas del Congo estaban cerradas, decidió acompañar a su amigo al África Occidental. Sin embargo, un repentino cambio de las circunstancias a último momento hizo posible su ferviente deseo. Jay Tucker salió rumbo al Congo a proclamar las buenas nuevas de Cristo.

Jay formaba parte de un grupo de siete misioneros al Congo que iban a partir para Bélgica a aprender el idioma cuando el estallido de la Segunda Guerra Mundial desbarató sus planes. Todos sintieron que su única opción era ir directamente al Congo. Los problemas de papeles y otros obstáculos parecían insuperables, pero Dios los ayudó, y el 28 de octubre de 1939, Jay y otras seis familias salieron para África en el barco SS Exter. Por ese tiempo había un sólo camino para alcanzar su destino. Desde Alejandría, Egipto, viajaron por barco y tren hacia el sur a través de Sudan, cerca de la frontera del Congo. Una de las misioneras del grupo, una joven llamada Angeline Pierce, llegaría a ser la esposa y colaboradora de Jay. El largo y azaroso camino les dio suficiente tiempo para que su relación floreciera.

Luego de su llegada al Congo, Jay y los otros misioneros asistieron a su primer conferencia para misioneros y creyentes congoleños. Algunos llegaron desde cientos de kilómetros de distancia, y sus animados cánticos de entusiasta acogida tocaron profundamente a Jay. Esta es mi tierra, pensó, mi gente elegida, e inmediatamente fue a tratar de aclimatarse a su nuevo hogar.

Durante esos primeros meses, Jay fue constructor, estudiante, maestro y predicador al mismo tiempo. Al pasar los años el sentido de su llamado se profundizó, así como su amor por la gente. Por ciertos requisitos legales en el Congo, Jay y Angeline tuvieron que viajar 525 kilómetros hasta Uganda, pues su largamente esperada boda se acercaba. Ella se había hecho un hermoso vestido de satén blanco. Él lució su traje de graduación de la escuela bíblica. El 10 de Abril de 1941 la pareja se unió en matrimonio. Aunque no tenían muchas posesiones materiales, se tenían el uno al otro y compartían el sentir de que la mano de Dios estaba sobre su ministerio.

Después de seis años en el Congo, Jay y su esposa volvieron a los Estados Unidos con un permiso de ausencia de dieciocho meses. Luego regresaron al Congo donde se lanzaron nuevamente a servir a la gente en el nombre de Cristo. Dos niños y una niña se agregaron a la familia mientras los años dedicados al servicio de Cristo pasaban. En el año 1958 solicitaron a los Tucker que se mudaran a un nuevo ministerio en la ciudad de Paulis. Fue difícil encontrar una casa en Paulis, y aún más difícil un lugar para la iglesia, pero el Señor lo concedió. Comenzaron una iglesia en el patio, y esta creció rápidamente a más de cien miembros. Pero tanto sobre la ciudad como sobre todo el país se cernía un profundo desasosiego a medida que los rumores de independencia corrían como un fuego.

Después de meses de deliberaciones con los funcionarios belgas, el movimiento nacionalista liderado por Patricio Lumumba se fortaleció y pronto ganó la independencia. Casi inmediatamente hubo sublevaciones contra los residentes belgas, y muchas familias se juntaron y dejaron el país. Los Tucker consideraban que como eran misioneros apolíticos estarían a salvo, por lo que decidieron quedarse en Paulis aun cuando la tensión aumentaba cada día. Pronto pusieron a las misioneras y a los niños en un avión rumbo a Uganda. Tres semanas después, Jay regresó con su familia a la congregación congoleña que tanto amaba. Las cosas se tranquilizaron por un tiempo y los Tucker rebosaban de gozo cuando las autoridades les vendieron un lote en la ciudad donde podría construirse una nueva iglesia.

Los disturbios políticos nunca cesaron totalmente, y los problemas siempre parecían inminentes. Los consulados de los países europeos y americanos advirtieron a sus ciudadanos que dejaran el país porque el odio contra los extranjeros cada vez se manifestaba más en actos de violencia. Los Tucker mandaron sus hijos a una escuela en Kenya y permanecieron en Paulis enseñando la Palabra de Dios hasta 1963, cuando se programó un muy necesario permiso de ausencia para ir a los Estados. Seiscientos cristianos congoleños fueron a despedir a la pareja que había mostrado tanto amor y dedicación. «¡Bwana! ¡Madamo! ¡Vuelvan!», gritaban.

De vuelta en Estados Unidos, los Tucker seguían de cerca las noticias del Congo. La paz parecía haber vuelto, pero se sentían aprehensivos en cuanto volver al Congo con tres niños. «Debo volver», un día le dijo Jay a su esposa. «Dios me está llamando nuevamente. Debemos confiar en él. Hemos confiado en él durante veinticinco años. No debe ser diferente ahora». En agosto de 1964 los Tucker regresaron a Paulis.

Los misioneros y los creyentes congoleños les dieron un cálido recibimiento, pero la ciudad se encontraba en estado de agitación. Las fuerzas rebeldes amenazaban a las tropas gubernamentales en las regiones cercanas, aunque todos estaban seguros de que no podrían tomar el control de Paulis. Dos semanas antes de que los niños comenzaran en la escuela de internos, las fuerzas rebeldes hicieron lo impensado. Entraron en la ciudad y sembraron la muerte por todas partes. Las calles estaban cubiertas de cadáveres mientras los Tucker miraban ansiosamente el desarrollo de los acontecimientos. Varias veces habían detenido a Jay para interrogarlo, pero lo habían dejado en libertad sano y salvo.

Pronto las cosas empeoraron. A los Tucker les confiscaron el automóvil y los pusieron en arresto

domiciliario con soldados a la puerta de la casa. El
4 de noviembre arrestaron a Jay y a otra docena de
personas, y los tuvieron detenidos en la Misión
Católica. Los rebeldes se pusieron más violentos y
comenzaron a merodear por las calles. El 24 de noviembre una banda rebelde entró en la misión y
arrastró a Jay Tucker y los demás prisioneros a la
calle. Con las culatas de sus armas y botellas de cer-
veza, los rebeldes hirieron y golpearon al dedicado
misionero y a los otros doce hasta matarlos. Se dice
que los gritos de Jay se escuchaban a cuadras de
distancia en los cuarenta y cinco minutos que la
turba demoró en matarlo. Al día siguiente arrojaron su cadáver en la parte de atrás de un camión, lo
llevaron ochenta kilómetros dentro de la jungla, y
lo arrojaron al río Bomokandi infestado de cocodrilos. Dos días después, en el día de Acción de
Gracias, una patrulla belga rescató a Angelina Tucker y sus tres niños, y los transportaron a Paulis.

EL PERFECTO PLAN DE DIOS

A primera vista parece trágico que veinticinco
años de ministerio compasivo terminaran de
tan horrible manera. ¿Cómo pudo una turba

congoleña quitarle la vida a Jay Tucker en la misma ciudad a la que Dios lo había enviado? Parecerá en cierta forma extraño que este hecho de la vida real aparezca en un libro acerca del ministerio y la iglesia que Dios bendice. Cuando lo ponemos al lado de los errores doctrinales de «confiésalo y recíbelo» de los maestros de la prosperidad, la vida y el tiempo de Jay Tucker ciertamente parecen magros y desperdiciados. Pero, como se dice, vamos a escuchar el resto de la historia.

Un singular dicho tradicional mangbetu dice: «Si la sangre de un hombre corre por nuestro río, el río Bomokandi, debes escuchar su mensaje».

El río Bomokandi corre a través de la región Nganga del Congo, donde vive la tribu Mangbetu. La tribu Mangbetu había permanecido totalmente adversa a la penetración del evangelio. Ni el famoso misionero C. T. Studd pudo jamás lograr un convertido mangbetu. Otro grupo misionero lo siguió con el esfuerzo, pero ni un mangbetu se convirtió al Señor.

Mientras la rebelión en el congo se apaciguaba, el rey de los mangbetus persuadió al gobierno central en Kinshasa a mandar un jefe de policía para dar estabilidad a la región. El gobierno envió a un hombre robusto y de gran estatura conocido simplemente como «el brigadier». Lo que nadie sabía era que Jay Tucker había ganado al brigadier para Cristo unos meses antes.

El entorno espiritual que el brigadier encontró fue de total oscuridad, y este relativamente nuevo cristiano no tuvo éxito en su primer intento de presentar el evangelio de Cristo. Sin embargo, un día escuchó un singular dicho tradicional mangbetu que dice así: «Si la sangre de un hombre corre por nuestro río, el río Bomokandi, debes escuchar su mensaje». Este dicho fue parte de la cultura tribal desde tiempo inmemorial. Súbitamente al brigadier se le ocurrió una idea. Convocó al rey y a los ancianos de la villa a una reunión en cierto lugar. Respetuosamente se reunieron en una asamblea para escucharlo:

Quiero decirles algo. Tiempo atrás asesinaron a un hombre, y arrojaron su cuerpo en su río, el río Bomokandi. Los cocodrilos de este río se lo comieron. Su sangre corrió por allí. Ahora bien, antes de morir, él me dejó su mensaje. Este mensaje concierne al Hijo de Dios, el Señor Jesucristo, quien vino a este mundo a salvar a la gente que es pecadora. Jesucristo murió por los pecados del mundo; murió por mis pecados. Yo recibí este mensaje, y mi vida cambió.

Si aquel hombre llamado Jay estuviera aquí hoy, les daría este mismo mensaje. Él no está aquí, pero su mensaje es el mismo. Y porque este es el mensaje del hombre cuya sangre se derramó en este río, ustedes deben escuchar este mensaje.

Mientras el brigadier predicaba este simple mensaje por el cual Jay Tucker entregó su vida, el Espíritu Santo puso convicción en aquella gente. La luz del Evangelio por fin alumbró a los mangbetus y muchos se convirtieron. Hoy, en la región mangbetus, en el nordeste de Zaire (antes el Congo Belga), hay cientos de creyentes y docenas de iglesias. Todos pueden encontrar su origen en el apasionado misionero cuya sangre se derramó en el río Bomokandi. Su amor por la gente lo llevó a la muerte, pero al morir llevó el mensaje de vida eterna de una manera que jamás hubiera imaginado. Y en algún lugar de los cielos, es muy posible que Jay Tucker esté experimentando la misma clase de gozo que el apóstol tenía cuando escribió estas palabras: «¿Cómo podremos agradecer bastante a nuestro Dios por ustedes y por toda la alegría que nos han proporcionado delante de él?» (1 Tesalonicenses 3:9).

Dios, perdona nuestro egoísta estilo de vida que da poca importancia a las necesidades de los que nos rodean. Deshiela nuestro corazón y quebrántanos en lo más profundo de nuestro ser. Inúndanos de tu amor para que veamos y sintamos por los demás como tú lo haces. Sálvanos de nosotros mismos, y envíanos a los campos que ya están listos para la cosecha. Te pedimos esto en el nombre de Jesús, quien se dio a sí mismo por nosotros. Amén.

SEIS

Poder «que Abre Brechas»

La bendición de Dios siempre depende de lo fundamental de la vida espiritual. Uno no necesita una educación de seminario ni una mente especialmente dotada para aprender los secretos de la gracia divina. Es más, un cristiano humilde en las circunstancias más pobres y limitadas puede experimentar más de la bendición divina que el más brillante de los teólogos rodeado de la más vasta biblioteca de libros religiosos. Es la devoción sencilla del corazón, no los complicados conceptos, lo que abre la ventana de las bendiciones celestiales sobre nuestra alma.

No hay mejor ilustración de esto que la que hallamos en la vida de uno de los favoritos de Dios en el Antiguo Testamento. David pasó de ser un simple pastorcito a rey de Israel porque *Dios estaba con él*. Aun cuando Dios es omnipresente y está en todas partes del universo al mismo tiempo, no está presente con todas las personas precisamente de la misma forma. Si bien nadie puede escapar de su presencia como Dios Todopoderoso, definitivamente está *más* presente con determinados individuos e iglesias en el sentido de brindarles mayor gracia y bendición. Este fue el caso de David, quien enfrentó tremendas desventajas y poderosos enemigos, pero triunfó al final porque la mano de Dios estaba sobre él. La vida de David es una ilustración viva de lo maravilloso que es vivir bajo el cuidado especial de Dios.

Encontramos uno de los interesantes secretos de la singular relación de David con el Señor en una oscura historia en 1 Crónicas 14. David había sobrevivido más de diez años de persecución del celoso rey Saúl, quien recientemente había muerto. Dios había cuidado y protegido a David, y finalmente lo había elevado al trono de Israel, tal como se lo había prometido cuando este era adolescente. El nuevo rey tenía el apoyo de las doce tribus que formaban la nación. Había entusiasmo en Jerusalén porque «el Señor, por amor a su pueblo, lo había establecido a él como rey sobre Israel y había engrandecido su reino» (v. 2).

NUESTRO IMPLACABLE ENEMIGO

Es durante este tiempo de gran popularidad y oportunidad para David que leemos lo siguiente: «Al enterarse los filisteos de que David había sido ungido rey de todo Israel, subieron todos ellos contra él. Pero David lo supo y salió a su encuentro» (v. 8). Qué gran advertencia es esto para la iglesia y el pueblo que Dios bendice. No importa cuán maravillosamente el Señor haya obrado a nuestro favor, los enemigos espirituales están formados contra nosotros, y habrá ataques espirituales hasta que Jesús vuelva.

Esta es la realidad de la guerra espiritual, y será muy sabio que lo recordemos siempre. Por cierto, uno de los momentos más estratégicos para Satanás es cuando ganamos una gran victoria y estamos en una especie de «euforia espiritual». A los filisteos no les importaba para nada la alegría que rodeaba la coronación de David ni el hecho de que la promesa de Dios se hubiera cumplido. Subieron con todas sus fuerzas contra él, dispuestos a destruirlo.

Así es Satanás, y siempre será así hasta que encuentre su destino final en las llamas del infierno. Es un enemigo incansable que sabe que en los momentos de euforia espiritual bajamos la guardia y estamos menos vigilantes. En su arsenal hay una gran cantidad de tentaciones de distinto tipo reservadas para esos momentos cuando recibimos el favor del Señor. La Biblia contiene varias historias trágicas de personas que corrieron horribles peligros durante el tiempo de mayor bendición sobre su vida.

Pidámosle más gracia a Dios para poder seguir esta advertencia espiritual: «Practiquen el dominio propio y manténganse alerta. Su enemigo el diablo ronda como león rugiente, buscando a quien devorar» (1 Pedro 5:8). Recordemos que experimentar las bendiciones de Dios no nos saca de la mira del diablo. Al contrario, atrae mucho su atención. Pero Dios puede darnos la victoria sobre cualquier ataque satánico.

DEBEMOS BUSCAR LA DIRECCIÓN DIVINA

Hay mucho más en este episodio que la declara-

ción de que los filisteos se juntaron contra David y
este salió a su encuentro. Queremos enfocarnos en
el «cómo» que hay detrás de esta oración, tal como
se revela en 1 Crónicas 14:9-10:

«Ya los filisteos habían incursionado en el valle
de Refayin. Así que David consultó a Dios:

—¿Debo atacar a los filisteos? ¿Los entregarás
en mi poder?

—Atácalos —le respondió el Señor—, pues yo
los entregaré en tus manos».

Si vamos a ver, esta es una serie inusual de
acontecimientos. David se encontraba en el pico
de su popularidad y su ejército de veteranos estaba
a cargo de la defensa del país. Las emociones pa-
trióticas y el entusiasmo político llenaban la atmósfera porque el ungido siervo de Dios por fin estaba
tomando el lugar que le correspondía en el trono.
Encima de todo esto, los filisteos eran el enemigo,
y años atrás su ejercito había huido ante Israel
cuando el adolescente David mató al campeón Go-
liat. Por lo tanto, el nuevo rey debía salir con su
ejército a batallar porque aquellos paganos idola-
tras no tenían ninguna posibilidad contra Jehová y
sus huestes, ¿no es cierto?

Pero eso no fue lo que hizo David. El rey se humilló delante de Dios y le pidió consejo en cuanto a ir a *aquella* batalla. Y le preguntó si lo acompañaría con su poder para derrotar al enemigo. No quería estar en la batalla donde no debía estar en un momento impropio, y por lo tanto le preguntó al Señor que sabe todas las cosas. Aun cuando era el rey que Dios había ungido y un guerrero veterano, y aunque el Señor le había ayudado infinidad de veces en el pasado, David no se movía sin la aprobación de Dios y su promesa de bendición. ¡No en balde David tuvo un lugar especial en el corazón de Jehová!

No hay un «piloto automático con el que podamos manejar nuestra vida. Constantemente necesitamos la dirección del Señor al enfrentar las decisiones de la vida.

Los que queremos ver a Dios peleando nuestras batallas debemos hacer una pausa y analizar todo esto cuidadosamente. No hay un «piloto automático» con el que podamos manejar nuestra vida. Constantemente necesitamos la dirección del Señor al enfrentar las decisiones de la vida.

No podemos tampoco vivir del pasado, porque nada garantiza que tendremos la aprobación de Dios y su bendición en nuestra próxima aventura. Tampoco podemos andar por ahí diciendo: «Dios está conmigo, Dios está conmigo», porque el Señor nunca estuvo *con* otro rey como lo estuvo con David, y aun este necesitaba ir a Dios en busca de instrucciones frescas. Si Jesús dijo: «Ciertamente les aseguro que el hijo no puede hacer nada por su propia cuenta, sino solamente lo que ve que su padre hace» (Juan 5:19), y testificó que «todo lo que digo es lo que el Padre me ha ordenado decir» (Juan 12:50), ¿no cree que debemos esperar delante de Dios sus instrucciones para la vida?

Otra importante verdad en esta narración es «el Señor me respondió». ¿Qué otra cosa puede hacer un Padre celestial amoroso que responder alegremente cuando sus hijos acuden a él en oración con un espíritu humilde y dócil? ¿Nos echará a nosotros sus hijos para que nos las arreglemos por nuestra cuenta, cuando sabe que queremos su dirección y bendición? ¿Es posible eso? ¡Jamás! De alguna manera, el Señor guiará nuestros pasos por el camino que debemos andar. Él honrará nuestro deseo de buscar su voluntad y bendición.

«Fueron, pues, a Baal Perasín, y allí David los derrotó. Entonces dijo: "Como brecha producida por las aguas, así Dios ha abierto brechas entre mis enemigos por medio de mí"» (1 Crónicas 14:11). La precavida oración de David por la dirección de Dios resultó en una estupenda victoria sobre las fuerzas filisteas. Aunque el rey y sus huestes emprendieron la guerra, el testimonio de David fue: «Dios ha abierto brecha entre mis enemigos». Cuando preguntamos a Dios cuál es su voluntad para nuestra vida y cuando lo que más deseamos es *su presencia*, el resultado será un *poder* «que abre brechas». Experimentaremos la asombrosa combinación de «*Dios* ha abierto brecha» y «por medio de *mí*». ¡Qué experiencia tan maravillosa es tener a Dios obrando en beneficio de su pueblo mientras este pelea con valor en su nombre!

NUESTRO DIOS TIENE PODER «QUE ABRE BRECHAS»

Esta es la clase de poder abridor de brechas que desean muchos pastores en nuestro país. Están cansados de dirigir cultos mecánicos a los que asisten creyentes tibios. Desean dirigir iglesias que Dios bendice para que las comunidades puedan recibir el impacto del evangelio y se exalte la persona de Cristo. Es muchísimo mejor vivir unos pocos años en esa atmósfera maravillosa que décadas de vagar en un estéril desierto espiritual.

Dios está dispuesto a cambiar radicalmente las cosas, porque no hay obstáculo difícil para él. Después de todo, la gente llamó al lugar donde David había derrotado a los filisteos «Baal Perasín», que quiere decir «¡el Señor que abre brechas!». Nuestro Dios se especializa en «abrir brechas» que nos libran de las fuerzas enemigas y nos colocan en libertad para servirle mejor.

Probablemente usted enfrente algún tipo de dilema. Puede estar relacionado con su matrimonio o con hijos suyos que no están sirviendo a Dios. Puede ser que necesite que el Señor lo sane emocionalmente. Cualquiera sea el caso, recuerde que tenemos un Dios que «abre brechas» y que puede ayudarnos en forma sobrenatural. Y esto comienza cuando nos detenemos y nos humillamos en oración. Debemos presentar nuestras circunstancias delante de Dios, como lo hizo David, con una voluntad rendida que desea saber qué quiere *él* que hagamos. Los desencadenamientos repentinos no comienzan con sonidos y clamores, sino con un corazón rendido que pregunta: «¿Debo atacar a los filisteos? ¿Los entregarás en mi poder?»

OPOSICIÓN PERSISTENTE

Pero el conflicto no había terminado. Los enemigos formados contra David eran bien persistentes. «Los filisteos hicieron una nueva incursión y se desplegaron por el valle. Así que David volvió a consultar a Dios» (1 Crónicas 14:13-14). Los filisteos no iban a rendirse sólo porque en Baal Perasín los hicieron huir. Al igual que nosotros enfrentamos continuamente oposición en el ámbito de la batalla espiritual, David aprendió que los filisteos estaban una vez más a la puerta.

Uno puede automáticamente pensar que después de recibir tantas bendiciones de Dios y haber derrotado recientemente al mismo enemigo, David iba a correr al campo de batalla a obtener un nuevo triunfo. Pero el siguiente paso que dio el rey está lleno de enseñanza. David *nuevamente* consultó al Señor antes de entrar en acción, aun cuando lo natural hubiera sido seguir sus instintos. No se movió mientras no tuvo *nuevamente* el consentimiento de Dios.

Dios respondió fielmente a David, pero agregó nuevas y especificas instrucciones para pelear *esta* batalla:

> «No los ataques de frente, sino rodéalos hasta llegar a los árboles de bálsamo, y entonces atácalos por la retaguardia. Tan pronto como oigas un ruido como de pasos sobre las copas de los árboles, atácalos, pues eso quiere decir que Dios va al frente de ti para derrotar al ejército filisteo. Así los hizo David, tal como Dios se lo había ordenado, y derrotaron al ejército filisteo desde Gabaón hasta Guézer» (1 Crónicas 14:14-16).

¡Qué fiel era el Dios al que David servía! El Señor le dio una *estrategia especifica* a su siervo con relación al despliegue de las tropas contra el enemigo. Por una razón desconocida, David no debía hacer el tradicional ataque frontal que le había dado la última victoria, pero debía rodearlos y juntar sus fuerzas cerca de las balsameras. Inclusive Dios le fijó el *tiempo* a Israel para el ataque: «Tan

pronto como oigas un ruido como de pasos sobre
las copas de los árboles». Qué confianza y humildad de parte del rey revela esta historia, y qué ilustración vívida del gran amor de Dios. David no
tenía que preguntarse, preocuparse ni imaginarse
las cosas. Dios demostró nuevamente que era el
verdadero «comandante del ejército del Señor»
como le fue revelado a Josué cientos de años antes
(Josué 5:14). Le dijo a David todo lo que necesitaba saber sobre la batalla, hasta el tiempo exacto en
que debía efectuar el ataque. Una vez más la presencia de Dios estuvo con David. La victoria estaba
asegurada.

*Lo que es especialmente necesario es la específica
«palabra de Dios» que responde a la necesidad
del momento, y que es lo que el Señor diría
si se parara en el púlpito ese día.*

SIEMPRE EN CONTACTO

La lección para nosotros es obvia. Debemos estar
en íntima comunión con el Señor si vamos a disfru-

tar plenamente de sus bendiciones. Las respuestas basadas en reflexiones de hechos del pasado no son adecuadas, porque necesitamos buscar *continuamente* la dirección de Dios. Debemos ser sensibles al reloj del Señor en relación con nuestros actos. Frecuentemente buscamos la *voluntad* de Dios sobre algo, pero no tenemos fe para buscar su *reloj* de la misma forma. Esta historia del rey David quedó registrada en la Biblia para nuestra enseñanza y estímulo. Al esperar delante del Señor, aprendemos a escuchar la voz del Espíritu Santo en nuestro corazón y a movernos en el perfecto plan de Dios.

Muchos de nosotros, los pastores, no tenemos presente este concepto cuando ministramos a la gente. Por ejemplo, sentimos que si nuestros sermones provienen de la Biblia, nuestro mensaje es adecuado. Estamos ciegos al hecho de que solo Dios conoce lo que el enemigo secretamente hace en la vida de las congregaciones. El Señor quiere dirigirnos al exacto y necesario mensaje espiritual para desbaratar los planes de Satanás y guiar al pueblo al descanso y a la seguridad. Las circunstancias también cambian a medida que el tiempo pasa, porque la iglesia está creciendo y porque el diablo altera su estrategia en forma regular. Los santos de Dios definitivamente deben alimentarse con la Palabra de Dios, pero lo que es especialmente necesario es la específica «palabra de Dios» que responde a la necesidad del momento, y que es lo que el Señor diría si se parara en el púlpito ese día.

Si Dios dirigió a David a pelear contra los filisteos hace miles de años, ¿no podrá también guiarnos en el camino en que debemos andar? ¿Cómo pueden los cristianos siquiera pensar en cambiar de trabajos, mudarse a otro estado o comenzar negocios sin preguntarle al Señor? Dios tiene planes detallados para cada uno de sus hijos, y a Él le encantaría revelárnoslos. ¿Cómo pueden las iglesias contratar empleados o líderes de alabanza para seleccionar la música sin considerar la voluntad y el calendario de Dios? ¿Ha dejado el Dios Todopoderoso de cuidar a sus hijos? ¿Somos más inteligentes y espirituales que el rey David?

LOS CORAZONES ENDURECIDOS SE QUEBRANTAN

El Señor ha lidiado conmigo muchas veces acerca de la importancia de conocer su voluntad. Y no todas las lecciones que aprendí llegaron cuando las esperaba. Una experiencia que tuve en Surinam, América del Sur, hace 25 años aún permanece vívida en mi mente.

Ministré la Palabra de Dios en una conferencia para pastores en Argentina, y de allí atravesé Brasil rumbo norte hasta Paramaribo, la capital de Surinam. (Esta antigua colonia holandesa es bien pequeña.) Una de las iglesias más grandes de la ciudad me había invitado a predicar y yo deseaba encontrarme con mi amigo de Surinam que pastoreaba la congregación.

Aun cuando era el mes de febrero, las temperaturas eran elevadas mientras me llevaban al culto de la mañana. Unos pocos ventiladores de techo giraban lentamente, pero poco podían hacer para combatir el sofocante calor y la humedad. Después de unos preliminares, me invitaron a predicar, y luego de diez minutos tenía la camisa y el traje empapados de sudor. Pero el calor fue el menor de los problemas que tuve ese domingo por la mañana.

¡Mi sermón rebotaba contra mí como si estuviera predicando contra una pared de concreto! No era que la gente no me atendía, sino que cierta rigidez espiritual llenaba la atmósfera. Había algo en el aire mucho más agobiante que el calor y la humedad. ¿Qué estaba mal? No lo sabía, pero me hizo esforzar más, con lo que sólo logré transpirar más. (El azul claro de mi traje se estaba transformando rápidamente en una hermosa tonalidad azul marino.)

Desde entonces he predicado en infinidad de ambientes, nacional e internacionalmente, pero no puedo recordar una predicación más difícil. Yo sentía que algo estaba *muy* mal, pero ¿qué debía hacer para poder ver una brecha? Comencé a orar desesperadamente en mi corazón mientras continuaba con mi sermón. (Esta es una idea excelente cuando uno está completamente desconcertado). *Dios*, oré en silencio, *¿qué está pasando aquí, y qué puedo hacer para ser de bendición a esta gente?*

Mi mensaje pronto llegó a su fin, y le pedí a la gente que inclinara la cabeza para orar. Mientras esperábamos silenciosamente delante del Señor, mi corazón seguía buscando la dirección de Dios. Abrí los ojos para mirar al auditorio, cuando de repente mi atención se fijó en una rubia de mediana edad sentada en la ultima fila. No puedo precisar qué sentí, aparte de que la atención del Señor estaba sobre ella. Sabiendo que debía seguir esta incierta dirección del Espíritu Santo, la llame públicamente y le pregunté si podría acercarse al frente para orar.

Este giro de los acontecimientos pareció inquietar a la congregación. (Sinceramente, tampoco sabía a dónde me dirigía.) La mujer me complació, pero apenas llegó al altar se quebrantó y comenzó a llorar. Pronto, muchos otros caminaron al frente para unirse a ella, y se improvisó una reunión de oración. Los corazones se ablandaron. La atmósfera se transformó en algo hermoso y celestial.

Mientras el organista interpretaba suavemente un himno, el Espíritu de Dios «abrió brecha» y le dio un giro de 180 grados a la reunión. Oré y lloré con la gente mientras un espíritu de quebrantamiento y contrición se asentaba sobre todos nosotros. Al final de la reunión noté que la mujer iba hacia donde estaba el pastor con su esposa. Los abrazó por un largo rato y derramaron muchas lágrimas.

Después fui a la casa del pastor amigo para cenar, con el corazón regocijado por lo que Dios había hecho en el culto. Durante la comida el pastor me preguntó por qué llamé precisamente a aquella mujer entre los cientos que había presentes. Le expliqué lo mejor que pude, pero él rápidamente completó lo que me faltaba saber: «Hermano Jim, nuestra iglesia ha estado sufriendo durante meses de un terrible brote de chismes y calumnias. Nuestras reuniones han sido tensas y carentes de vida. (¡Yo era testigo de eso!) La mayor parte de las habladurías estaban dirigidas contra mi esposa y contra mí. No sabíamos qué hacer, porque era dema-

Un joven, poco e inexperto predicador se vio frente a dificultades que no sabía manejar, pero Dios lo cambió todo.

siado doloroso. Lo que sí descubrimos fue que esa mujer, la que llamaste al frente, era la que llevaba la voz cantante y la fuente principal de las destructivas habladurías. Cuando la llamaste al frente, fue como si Dios, a través de un total extraño, la hubiera señalado en una forma sobrenatural. Varios de los que estaban aliados con ella sintieron eso y también sintieron contrición. La mujer nos abrazó al final y nos pidió perdón. Luego confesó su pecado y le pidió a Dios que la bendijera a ella y a nuestra iglesia. ¡Gloria a Dios!».

¡Claro que gloria a Dios! Un joven e inexperto predicador se vio frente a dificultades que no sabía manejar, pero Dios lo cambió todo. Cuando invoqué al Señor, envió una respuesta que quebró la fortaleza de Satán y trajo liberación.

No en balde David se regocijaba en la fidelidad de Dios:

> Busqué al Señor, y él me respondió; me libró
>   de todos mis temores.
> Radiantes están los que a él acuden; jamás su
>   rostro se cubre de vergüenza.
> Este pobre clamó, y el Señor le oyó
> y lo libró de todas sus angustias.
> El ángel del Señor acampa en torno a los que
>   le temen;
> a su lado está para librarlos (Salmo 34:4-7).

¡Qué maravilloso es servir al Dios que se muestra fuerte en nuestros momentos de debilidad! El Señor quiere usar su poder irruptor para convertir nuestros momentos de temores y problemas en ocasión de alumbramiento de nuevas gracias y misericordias. Cada desafío que enfrentamos es una oportunidad más de orar y entregar nuestro ser en sus tiernas manos. Luego podemos descansar y esperar pacientemente que él «abra brechas» contra nuestros enemigos.

Amado Padre, guíanos paso a paso cada día de nuestra vida. Danos un corazón humilde como el de un niño para escuchar y luego obedecer tu voz. Queremos experimentar tu poder para que las paredes espirituales caigan en el nombre de Cristo. ¡Levántate, oh Señor, y que tus enemigos sean esparcidos! Te pedimos esto en la autoridad del nombre de Jesús. Amén.

Una vida con propósito

Rick Warren, reconocido autor de *Una Iglesia con Propósito*, plantea ahora un nuevo reto al creyente que quiere alcanzar una vida victoriosa. La obra enfoca la edificación del individuo como parte integral del proceso formador del cuerpo de Cristo. Cada ser humano tiene algo que le inspira, motiva o impulsa a actuar a través de su existencia. Y eso es lo que usted descubrirá cuando lea las páginas de *Una vida con propósito*.

0-8297-3786-3

Liderazgo Audaz

Esta obra capta la experiencia de más de treinta años de ministerio del reconocido pastor Bill Hybels, y plantea la importancia estratégica de los dones espirituales del líder. *Liderazgo Audaz* le ofrece al líder de la iglesia local conceptos valiosos como son: convertir la visión en acción, cómo alcanzar a la comunidad, el líder que da lo mejor de sí, cómo descubrir y desarrollar un estilo de liderazgo propio y muchos más.

0-8297-3767-7

BIBLIA DE ESTUDIO NVI

La primera Biblia de estudio creada por un grupo de biblistas y traductores latinoamericanos. Con el uso del texto de la Nueva Versión Internacional, esta Biblia será fácil de leer además de ser una tremenda herramienta para el estudio personal o en grupo. Compre esta Biblia y reciba gratis una copia de ¡Fidelidad! ¡Integridad!, una guía que le ayudará a aprovechar mejor su tiempo de estudio.

ISBN:0-8297-2401-X

Nos agradaría recibir noticias suyas.
Por favor, envíe sus comentarios sobre este libro
a la dirección que aparece a continuación.
Muchas gracias

Editorial Vida

7500 NW 25th Street, Suite #239
Miami, FL 33122

Vidapub.sales@zondervan.com
http://www.editorialvida.com